心と身体を癒す道

西国四十九薬師霊場

ご朱印・巡礼ガイドブック

西国四十九薬師霊場会 監修

京都新聞出版センター

～関西・三重のお薬師巡りの旅へ～

西国四十九薬師霊場巡礼とは

巡礼は古くは平安時代末期から鎌倉時代に成立し、平安貴族の間で観音霊場の巡礼が人気でした。近世に入ると、参勤交代などのために街道と宿場が整備され、武士と庶民の移動は制限されていたものの、「神仏祈願」は許されていたため「伊勢参り」が人気になり、これを緒に庶民の間でも旅行ブームが起きました。そんな中で様々な巡礼が花開いたのです。今も昔も心に願いを秘めてその成就を願って一途に霊場を巡る人の気持ちは変わらないでしょう。

「お薬師さま」と親しまれている薬師如来の信仰は古く、7世紀頃からといわれ、正式には「薬師瑠璃光如来」といいます。右手を施無畏印（畏れることはない、と励ます印相）などに結び、左手に薬壺（鉢）を持つ像と、持たずに手をたらすか膝の上に置く像などがあります。医王仏の別名もあるように、衆生の病と苦しみを癒やす仏様として、信仰を集めています。真言は「オンコロコロセンダリマトウギ　ソワカ」。人々の願いを素早く叶えてくれて、病気を治すだけでなく、現世に大きなご利益を授ける、という意味です。

薬師如来は古代より一番信仰されていた仏様ともいわれ、病気を治療するだけでなく、延命をかなえ、精神的な苦痛も取り除くといい、まさに、高齢化社会の現代に必要な仏様だといえます。

西国四十九薬師霊場は、薬師如来をお祀りする、京都、大阪、兵庫、滋賀、奈良、和歌山、三重の七府県、四十九カ寺で構成しています。平成元年（１９８９）、薬師信仰の更なる発揚を願う薬師寺高田好胤管長と古寺顕彰会下休場由晴会長の監修によりご開創された霊場です。

令和に元号も改まり、西国四十九薬師霊場会も三十周年を迎える本年に、ガイドブックを改訂する運びとなりました。

本書では、四十九カ寺のご住職から寺院の由来や歴史、参拝の礼儀作法をはじめ、季節ごとの行事や見どころまでお聞きしています。健康長寿を祈願して巡るのはもちろん、豊かな自然と四季折々の風景にも癒やされる祈りの道です。

お薬師様と出会い、心癒されるひとときを感じて頂けたら幸いです。

兵庫
京都
滋賀
大阪
奈良
三重
和歌山

西国四十九薬師霊場巡礼

ご朱印について

ご朱印は門入口、本堂、受付もしくは寺院内の「納経所」「朱印所」でいただけることが多いです。寺院拝観が有料の場合には、ご朱印料と共に拝観料もお納めください。

ご朱印の由来は、書き写したお経をお寺に納め(納経)をして、祈願した証しとして印をいただいたのが始まりで、その起源は江戸時代の納経帳にあるといわれています。現在では寺院に参拝した証しとして、ご朱印帳にご朱印(参拝日、御本尊、寺院名)を押印していただくのが一般的です。

西国薬師霊場会のご朱印にはバインダー形式のものと、軸(縦・横)がございます。

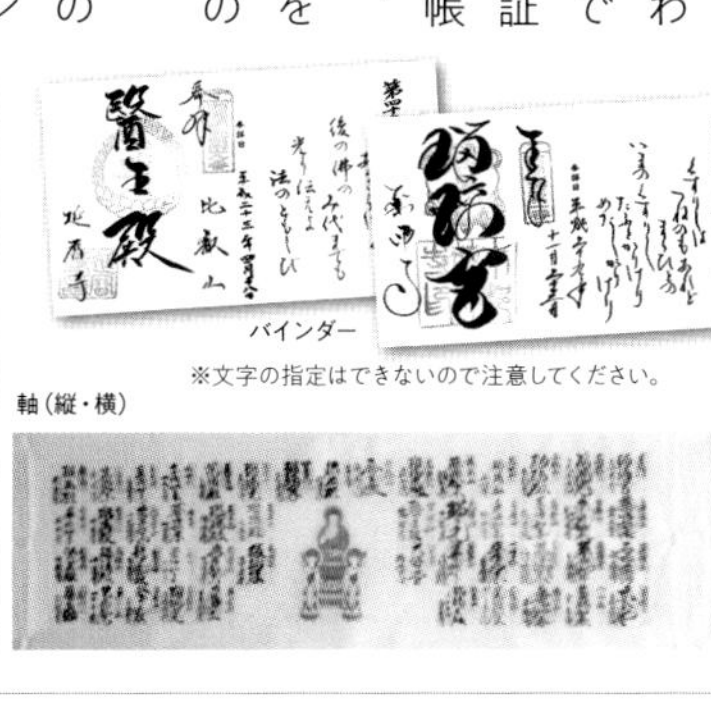

バインダー

※文字の指定はできないので注意してください。

軸(縦・横)

注意事項・マナー

・団体での参拝は、事前に日時や人数などを各札所まで電話連絡等をお願いいします。

・巡礼中は、飲酒遊興を慎み、愚痴や妄言も慎むように心がけましょう。

・寺院の多くは禁煙、もしくは喫煙場所があります。それ以外の場所での喫煙は厳禁ですのでご留意ください。

・写経を寺院に納めた証とされていたご朱印です。お札やお守りと同じく神聖なものなので、家では神棚や仏壇、棚の高いところなどで大切に保管しましょう。

・ご朱印は寺社に参拝した証なので、お参りをしないでいただくのはマナー違反です。

・境内や寺院での飲食は寺院関係者に確認しましょう。

・ゴミは持ち帰りましょう。

もくじ

西国四十九薬師霊場会事務局
公式サイトはこちらから

ご利用にあたって

◎境内図の■はお薬師様がおられます。
★はご朱印を拝受できる場所（納経所）、
🚻はトイレの場所、P はパーキングエリアの場所を
表しています。

第1番 法相宗大本山 薬師寺（やくしじ）

白鳳期の輝き 今に

白鳳時代に建立された奈良の大寺の一つで、唐招提寺の少し南にある。境内は広く趣があり、すがすがしい。

　薬師寺の国宝・薬師三尊像は有名である。薬師如来坐像が中央にあって向かって右手には日光菩薩立像、左には月光菩薩立像が安置され、白鳳期の優雅さを伝えている。

　東方浄瑠璃浄土の教主となる薬師如来は慈悲にあふれた姿と高貴な表情が印象的。両脇の日光、月光菩薩とも優しく美しい姿をしており、衆生を温かなまなざしで見つめている。

　国宝の仏像はもう一つある。同じく白鳳時代につくられた聖観世音菩薩立像である。崇高さと気品を併せ持つ仏像で、繊細な指の動きが優雅である。インド・グプタ王朝の影響を強く受けているとされている。

　白鳳様式の国宝・東塔は空高くそびえ、その屋根の曲線は優美な雰囲気を醸し出している。頂上に取り付けられた水煙は四枚からなり、その中には透かし彫りの飛天が二十四体ある。現在実施中の東塔解体修理は令和二年四月に落慶法要を迎える。

　同寺は天武天皇の発願、持統天皇の本尊開眼を経て文武天皇の世に飛鳥の地で堂宇の完成を見た。その後、和銅三（七一〇）年の平城遷都に伴って現在地に移った。当時は南都七大寺の一つとして大伽藍を誇った。

　その後何度もの火災に遭ってきた。戦国期の享禄元（一五二八）年の兵火によって東塔を除く諸堂を失

う大きな痛手もこうむった。昭和四十年代に入って故高田好胤管主の百万巻写経勧進などによって堂塔の復興が活発になり、金堂、西塔、大講堂、食堂などが次々と復興され白鳳期の面影を取り戻しつつある。

大講堂は幅四十二メートル、奥行二十メートル、高さ十七メートルもある。ここには重要文化財の弥勒三尊像が安置されている。これら諸堂が集まる白鳳伽藍エリアの北側に隣接して玄奘三蔵院伽藍がある。こちらには法相宗の鼻祖である玄奘三蔵を祀っている。また年間を通じて写経会が活発に行われている。

☎0742-33-6001　奈良市西ノ京町457

https://yakushi49.com/01yakushiji/

● 基本情報

🕓8:30〜17:00（受付は16:30まで）

¥1,100円（玄奘三蔵院伽藍公開時）、800円（玄奘三蔵院伽藍非公開時）、団体（25人以上）、中高小生割引あり、身障者・介護（どちらも半額）

休なし　Pあり（有料）　WCあり（車いす可）

食なし　宿なし　WiFiなし

● おすすめ撮影スポット

大池よりの遠景

● 主な行事

修正会	1月1日〜1月14日
修二会花会式	3月25日〜31日
天武忌	10月8日

● アクセス

車西名阪「郡山IC」より15分・第二阪奈道路「宝来IC」より10分

他近鉄橿原線「西ノ京」駅下車、徒歩1分

● 境内図

（■お薬師様　★納経所　トイレ　P駐車場）

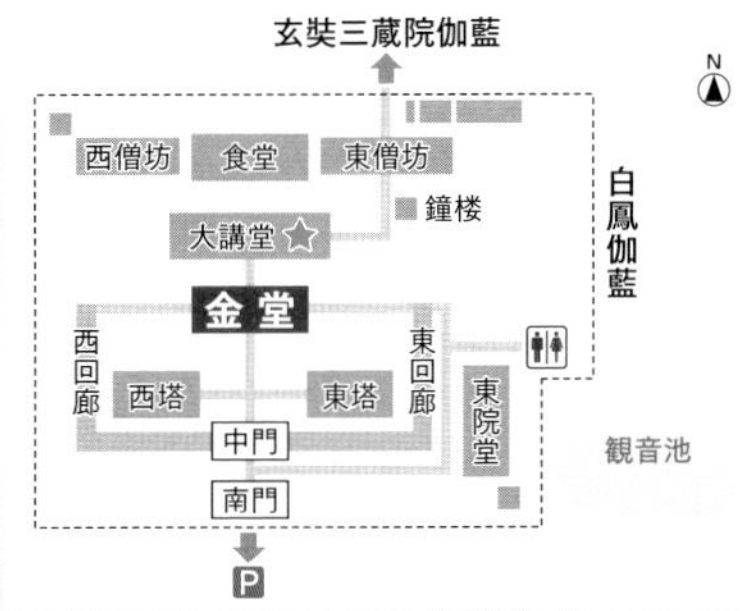

霊山寺（りょうせんじ）

霊山寺真言宗大本山

美しいバラ園
（病気平癒の寺）

当寺は西国薬師霊場のほか、さまざまな札所でもある。仏塔古寺十八尊の第五番の札所であり、大和地蔵十福霊場めぐりの札所、神仏霊場巡拝の道の第二十八番札所でもある。山号は登美山鼻高（びこう）という。

近くに富雄川が流れており、奈良市西部の静かな住宅地・富雄地区にある。富雄は古事記では登美、日本書紀では鳥見と記されている古くからの在所である。

六世紀後半は小野氏の所領だったという。

寺伝などによれば、天智天皇のころ、小野妹子（いもこ）の息子、小野富人は右大臣まで昇進したが、壬申の乱で右大臣を辞してこの地に隠棲したのが、この寺創建の遠因となる。

富人はこの地で薬草栽培を行って庶民の病気治癒に役立てた後、天武十二（六八四）年に熊野本宮に二十一日間籠って、満願の日に薬師如来の来迎（らいごう）を感得した。

そこで薬湯によって病人を救うことを心に決めて登美山に薬湯をつくり薬師三尊を祀った。人々は富人を敬い、鼻高仙人と称したと言う。神亀五（七二八）年に聖武天皇の皇女、すなわち後の孝謙天皇が征中の病（胸さわぎする病）になった。

聖武天皇の夢枕に鼻高仙人が現れたので、僧の行基を登美山に遣わして祈らせたところ、病気が治った。

この霊験に感動した聖武天皇は天平六（七三四）年、行基に大堂の建立を命じた。二年後にこのお堂が完成し来日したインド僧菩提僊那が「登美山が故郷の霊鷲（りょうじゅせん）山に似ている」ということから霊山寺とするよう奏

上し落慶したと伝わる。

国宝の入母屋造りの本堂は落ち着きがあるもので、厨子内に重要文化財の薬師三尊像を安置している。人々に安らぎを与える表情である。薬師像は秘仏であり常時公開ではない。厨子の左右には持国天、多聞天、十二神将像がある。このほか三重塔や鐘楼も重文である。奥の院も趣きがある。歩いて二十～三十分。

境内に入ってすぐの右手側に千二百坪の美しいバラ園がある。バラはアジアをはじめ欧州、米国など世界各地のものを集めており、二百種類以上、二千株以上ある。お寺でのバラ園は全国でも珍しく多くの参拝客でにぎわっている。

☎0742-45-0081 奈良市中町3879
https://yakushi49.com/02ryosenji/

● 基本情報

本堂 10:00～16:00、納経所 9:00～17:00、バラ園 8:00～17:00

¥ 大人500円（600円）、小中学生250円（300円）、団体割引〔50人以上、大人400円（500円）、小中学生200円（250円）〕
※（　）内料金はバラ見頃時期5月・6月・10月・11月の料金

休 なし　P あり（無料）　WC あり（車いす可）
食 あり（不定休）　宿 あり　WiFi なし

● おすすめ撮影スポット

バラ園、八体仏前

● 主な行事

薔薇会式・えと祭り　5月
菩提僊那納経会　11月3日
秋バラと秘仏宝物展　10月23日～11月第2日曜

● アクセス

車〈奈良方面から〉
阪奈道路「阪奈三碓」出口より5分
〈大阪方面から〉
第二阪奈有料道路「中町ランプ」より5分

他 近鉄奈良線「富雄」駅より奈良交通バス、「若草台」行きで「霊山寺」下車

● 境内図

（■お薬師様　★納経所　トイレ　P駐車場）

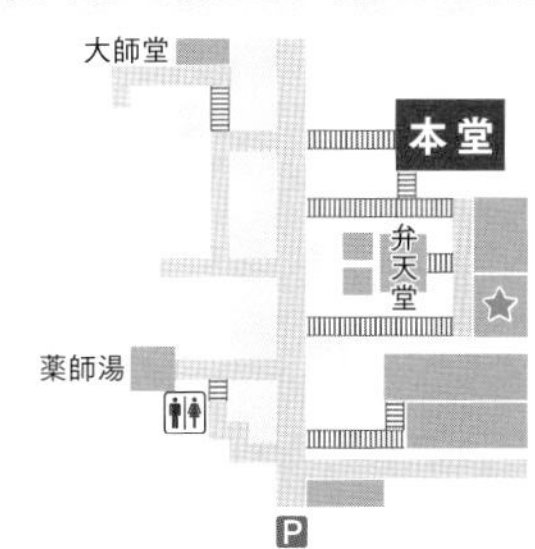

真言律宗

般若寺

はんにゃじ

コスモスと 学問の寺

奈良における味わい深いお寺のひとつに般若寺がある。境内に足を踏み入れると、品格を感じさせる重文の十三重石宝塔が見える。日本を代表するどっしりした石塔である。

現在の石塔は鎌倉時代の建長五（一二五三）年に来日した宋人・伊行末によって建立されたものである。高さ十四・二メートルもあり、その律動的な傾斜美、荘重な曲線はお参りする人々の心をとらえて離さない。この塔には四方仏が刻まれている。東には薬師如来、西には阿弥陀如来、南には釈迦如来、北には弥勒菩薩の四仏である。これらを拝めばご利益があると言われている。

般若寺は、飛鳥時代の舒明天皇の時に高句麗から渡来した慧灌（えかん）法師がこの地で般若台を始めたことが草創と伝わる古刹である。その後聖武天皇が平城京の栄華を願い大般若経を奉納するなどし、権威を高めた。

一時衰退したが平安時代に観賢僧正が再興し、学僧千人を集める学問の道場として名を広め、名僧を輩出したという。ところが源平の戦乱に巻き込まれて焼亡する悲運にあった。

それでも鎌倉時代になって再建の機運が訪れ、まず十三重石宝塔が建立されたのを始め、良恵上人によって本尊の文殊菩薩を安置する金堂、同じく本尊の薬師如来を安置する講堂が復興された。文永四（一二六七）年にようやく苦労の末、諸堂が整い壮観な姿を現した。病人の救済を目指した施設である北山十八間戸も

運営し、病気平癒に健康増進の霊場として評価を高めた。

境内のあちこちに貴重な石碑がある。一二六一年ごろに宋人の石工によって建立された重文の笠塔婆が二基ある。俳人の正岡子規が当寺を訪れ「般若寺の釣鐘ほそし秋の風」という句を詠んでいる。

いつの頃からか花を境内のあちこちに植えるようになって、人々から「花の寺」と呼ばれるようになった。

四月から五月の山吹、六月から七月の紫陽花、九月から十月の秋桜（こすもす）が参拝者を温かく迎えてくれ「コスモス寺」の異名がある。

☎0742-22-6287 奈良市般若寺町221
https://yakushi49.com/03hannyaji/

● 基本情報

🕘9:00～17:00
¥ 大人500円、中高生200円、小学生100円
休 なし　P あり（有料）　WC あり（車いす可）
🍴 なし　宿 なし　WiFi なし

● 主な行事

文殊会式	4月25日
非核平和の鐘	8月の6日・9日
コスモス	10月上旬～

● アクセス

🚗 京奈和自動車道「木津IC」より15分、第二阪奈「宝来IC」より20分
他 近鉄「奈良」駅・JR「奈良」駅より、バス「般若寺」下車徒歩3分

● 境内図

（■お薬師様　★納経所　🚻トイレ　P 駐車場）

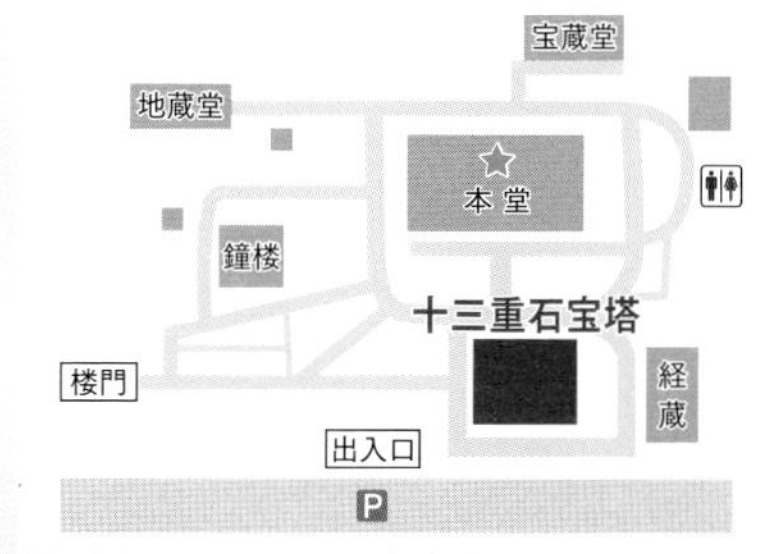

法相宗大本山

興福寺（こうふくじ）

藤原氏の栄華しのぶ

日本史上大きな勢力を持ち権勢をふるった藤原氏の氏寺として栄え、その勢威を象徴するかのように境内には立派な諸堂が立ち並ぶ。国宝や重要文化財の多さにも驚かされる。国宝は何と二十七件もある。重厚な趣をもつ東金堂は聖武天皇が神亀三(七二六)年に建立され、五度の焼失の後、応永二二(一四一五)年に再建された。建物そのものが国宝である。

東金堂の中には同じく国宝の木造文殊菩薩坐像、定慶作の木造維摩居士坐像、平安時代前期の作風を伝える迫力のある木造四天王立像、木造十二神将立像が安置されている。また清らかな姿をした重文の銅造薬師如来坐像が安置される。

藤原不比等の追善のために養老五（七二一）年に創建された北円堂は日本で一番美しい八角円堂と言われる。一二一〇年ごろに再建された。中には国宝の運慶作の木造弥勒如来坐像、木造無著・世親立像、そして平安期の木心乾漆造四天王立像が祀られている。また藤原冬嗣が父のために弘仁四(八一三)年に創建の南円堂は十八世紀後半に再建されている。西国三十三所第九番札所である。内陣には康慶作の木造不空羂索観音菩薩坐像、木造法相六祖坐像、木造四天王立像が安置される。

国宝館には有名な阿修羅像を含む乾漆八部衆立像、乾漆十大弟子立像、鎌倉復興期の木造金剛力士立像、木造天燈鬼・龍燈鬼立像などの国宝を収蔵する。阿修羅像は三面六臂で争いを憂う表情に多くの参拝者が魅了される。

さらに重文の建造物として大湯屋、南円堂、仏像では木造薬王・薬上菩薩立像、

木造帝釈天立像、絵画では慈恩大師画像、典籍では宋版一切経など四十四件を所蔵する。

同寺の札所としては西国三十三所の第九番、大和北部八十八カ所霊場では六十二番に当たる。

同寺の起源は山背(やましろ)国山階(やましな)に創建された山階寺で、藤原鎌足の夫人が夫の病気平癒を祈願して釈迦三尊像を本尊として安置したのが濫觴である。藤原京に移ると厩坂寺と称し、和銅三（七一〇）年に平城遷都にともなって現在地に移って興福寺と改号した。

同寺は一九九八年にユネスコ世界遺産登録されている。中金堂の再建は二〇一八年秋に落慶を迎えた。境内は常に多くの参拝客でにぎわっている。

☎0742-22-7755　奈良市登大路町48
https://yakushi49.com/04kofukuji/

● 基本情報

境内自由、堂内は9:00～17:00（16:45受付終了）

¥ 大人300円、団体（30名以上）250円、中高生200円、小学生100円

休 4月25日 14:00～　P あり（有料）

WC あり　食 なし　宿 なし　WiFi なし

● おすすめ撮影スポット

東金堂前、猿沢池越しの五重塔

● 主な行事

文殊会　4月25日　15:00

追儺会　2月3日　18:30

● アクセス

車 京奈和自動車道「木津IC」より約15分

他 近鉄奈良線「奈良」駅より徒歩5分

JR奈良線「奈良」駅より奈良交通市内循環系統に乗り5分、バス停「県庁前」下車すぐ

● 境内図

（■お薬師様　★納経所　トイレ　P 駐車場）

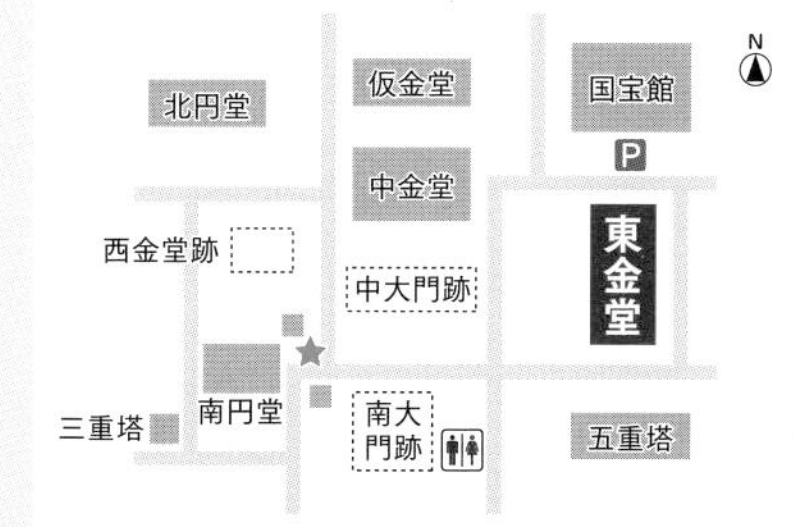

真言律宗

元興寺（がんごうじ）

庶民信仰の聖地とし復興

写真：桑原 英文

前身は蘇我馬子が建てた法興寺（飛鳥寺）で、都が平城京に移った八年後の養老二（七一八）年、移築された。「仏法元興之場 聖教最初之地」から名づけ、飛鳥寺は本元興寺と呼んだ。金堂など伽藍を整え南都七大寺の核となり、今の「ならまち」の大半を境内が占めた。東大寺の大仏開眼法要（七五二）で寺の隆尊が華厳経を講じ、僧三人が献歌した。

国宝の本堂（極楽堂）・禅室は、今風にいえば学者の起居する場と研究室を兼ねた僧房の「大坊」だった。三論、法相の拠点道場として重んじられ、密教や浄土教の教学上も注目された。秀でた先生を求め、宗派を超えて学僧が自由に寺を行き来していた。飛鳥寺の僧房移築を裏付ける部材は多く、軒を支えた巻斗（まきと）（肘木などを支えるためにあるますがた）は、日本書紀に「飛鳥寺の材を切り出した」と書かれている崇峻天皇三（五九〇）年の材そのものと年輪年代法で証明された。禅室の柱の上部を連絡する頭貫も飛鳥時代のもの。本堂、禅室の瓦の一部にも飛鳥寺のものを現在も使用して行基葺きとされ、飛鳥の風格が漂う。

奈良時代の学僧智光は夢で極楽浄土を見て曼荼羅を描かせ房に遺した。それが南都の浄土信仰の中心になり、地蔵信仰や聖徳太子信仰、弘法大師の真言信仰なども混じりあって人々が集った。鎌倉時代の改築でその房を中央に三房分を本堂とした。本尊は仏像でなく智光曼荼羅で、内陣を取り巻く外陣を広く設け、大勢の参拝者が巡回できる。

中世以降、寺運が衰退し伽藍や堂塔の解体、分離を余儀なくされる中、庶民の信仰の聖地となった。明治には廃仏毀釈や戦争で無住の荒れ寺化したが、入寺し

写真：桑原 英文

た辻村泰圓住職が戦後の物資不足の中、修理に力を注いだ。その過程で本堂天井裏などで、物忌札や和合・離別祭文、千体仏など数万点を発見し、重要有形民俗文化財指定を受けている。

法輪館に国宝五重小塔がある。高さ五・五メートルで大半は奈良時代末の部材を用い、欄干や瓦など精密に作られている。仏像は阿弥陀如来坐像や聖徳太子立像、南無仏太子像、弘法大師坐像など重文が並ぶ。境内には石仏や仏塔が稲田の如く並び浮図田と呼ばれ、風化した石が庶民信仰を無言で伝えている。

寺は世界文化遺産「古都奈良の文化財」の一つに登録されている。

☎0742-23-1377　奈良市中院町11番地
https://yakushi49.com/05gangoji/

● 基本情報

🕓9:00〜17:00（入山は16:30まで）
¥大人500円（秋季特別展期間中600円）、中高生300円、小学生100円、20名以上団体400円（秋季特別展期間中540円）、身障者それぞれ半額
休なし　Pあり（無料）　WCあり（車いす可）
🍴なし　宿なし　WiFiなし

● おすすめ撮影スポット

禅室南西

● 主な行事

地蔵会　8月23日・24日
節分会　2月3日

● アクセス

🚗第二阪奈道路「宝来ランプ」から16分
他近鉄「奈良」駅より徒歩15分、福智院町下車徒歩5分・JR「奈良」駅より徒歩20分、田中町下車徒歩5分

● 境内図

（■お薬師様　★納経所　🚻トイレ　P駐車場）

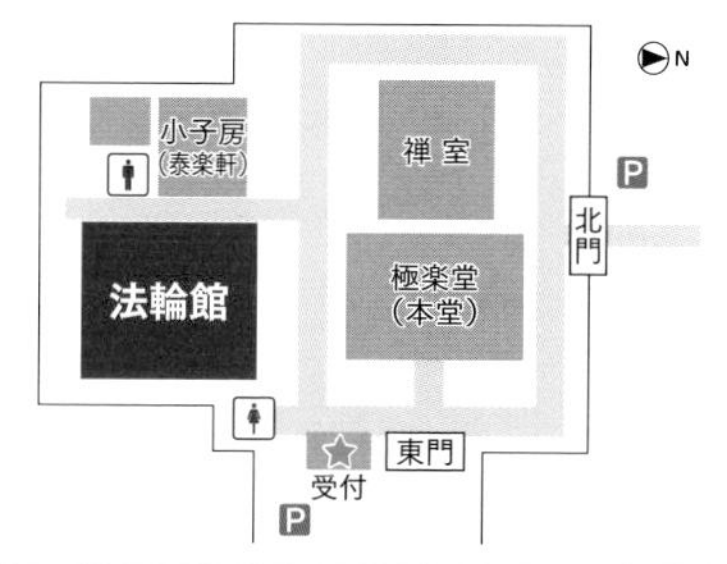

第6番

華厳宗

新薬師寺

しんやくしじ

シルクロードの文化実感

大仏殿建設を目指していた聖武天皇が眼病を患い、光明皇后が天平十九（七四七）年、その平癒を願って建てた。大仏造立の資材や人集めなど大変な時だったが、徐病安楽や女性が成仏するように援ける「転女得仏」など十二の大願を発し、すべての衆生を救済する薬師如来を広めようとした。金堂や講堂、西塔、東塔など並ぶ大寺院だったが落雷で焼けたり、再建されても震災に遭うなどし、現国宝本堂だけが残った。鎌倉時代に東門や南門、地蔵堂、袴腰部分が白漆喰塗りの鐘楼（いずれも重文）が建てられた。

地蔵堂

本堂に入ると、円形の土壇上に本尊薬師如来坐像を中心に、塑像の十二神将が並ぶ。風や日光から塑像を守るために西側に黒幕が垂れ薄暗いが、荘厳さが満ち溢れる。高さ百九十一センチの本尊は大きく目を見開き、現代的な表情をしている。頭と胴など体幹部分は一本のカヤの木で彫られ、手と足は同じ木から寄せ木した。木目も揃い、素木仕上げのため全体として一本造りのように見える。光背にはギリシャの植物「アカンサス」の大きな葉が翻って、六つの花の上に小さな薬師仏がそれぞれ乗り、合わせて七仏薬師となっている。

騎馬民族衣装の十二神将は等身大。本尊を守ろうと憤怒の表情で十二方位を睨んで立つ。江戸末期の地震で倒壊し補作された波夷羅（はいら）大将像を除いて天平時代の作で国宝。今も部分的に像に残る色から復元した極彩

本堂

色の小さな神将像のパネル写真が堂の南東端に置かれ、往時の絢爛さが想像でき、奈良がシルクロードの東の終着点と実感できる。

見上げると天井板はなく、直に見える化粧屋根裏となっている。ここは僧が修行し食事した食堂（じきどう）だった。四十本ある太く丸い柱は樹齢千年のもので力強い。

中田定観住職は「寺の歴史と合わせて、二千年以上前の森林浴をしている感じで、気分が休まり元気になる」と語る。柱を身近に眺め、天平よりはるか昔に想いを馳せるのも楽しい。

☎0742-22-3736　奈良市高畑町1352
https://yakushi49.com/06shinyakushiji/

● 基本情報

🕘9:00～17:00

¥大人600円、中高生350円、小学生150円（団体30名以上 大人550円、中高生300円、小学生120円）

休なし　Pあり（無料）　WCあり

🍴なし　宿なし　WiFiなし

● おすすめ撮影スポット

南門のさく越しに撮影する本堂

● 主な行事

修正会　1月8日 15:00～

おたいまつ

日中法要　4月8日 17:00～

たいまつ行道（初夜法要）　4月 19:00～

● アクセス

🚗名阪国道「天理IC」より国道188号で奈良へ

他 近鉄「奈良」駅下車 市内循環バス外廻り15分、破石町下車山手へ徒歩10分

JR「奈良」駅下車 市内循環バス外廻り20分、破石町下車山手へ徒歩10分

● 境内図

（■お薬師様 ★納経所 🚻トイレ P駐車場）

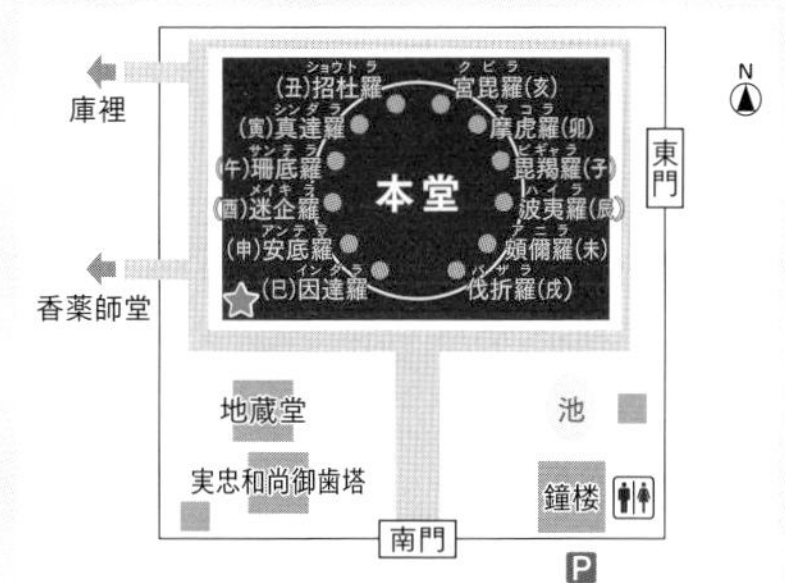

真言宗御室派 久米寺（くめでら）

聖徳太子の弟君の眼病を平癒

近鉄橿原神宮前駅より徒歩数分。聖徳太子の弟君が眼病を患い、太子のすすめで薬師如来に祈願して平癒、自ら来目（くめ）皇子と称し、金堂、講堂などを建立したとか、久米部氏の氏寺だったという説がある。聖武天皇が東大寺を建てる際、仙術で全国から建設資材を数日のうちに集めた久米仙人が、その功労により免田三十町をもらい創建したともいわれる。仙人は仙術で空を飛んでいる時、川で洗濯をしている若い女性の肌を見て神通力を無くし墜落、その女性と結婚したという伝説がある。

境内は広く、本堂や、万治二（一六五九）年に京都の仁和寺から移築した多宝塔（重文）、観音堂、地蔵堂、御影堂など並ぶ。智拳印を結ぶ黄金色の大日如来像や、親しみの持てる表情の久米仙人像も立つ。

寛文三（一六六三）年再建の本堂には、本尊の木造薬師如来坐像を安置。丈六仏だが幕の隙間から観るため、より大きく感じられる。体内に一寸八分の金銅薬師如来立像を納めている。日光・月光菩薩立像や十二神将像、さらに久米仙人が自ら彫った自分の像に自らの頭髪や髭、生歯を植えたと伝えられる肉付きの坐像も祀っている。

養老二（七一八）年にインドの魔伽陀国の帝王、善無畏三蔵が寺に寄留して、日本初の多宝大塔を建立し、大日経や仏舎利三粒などを塔柱に納めた。南の仁王門

の傍に大塔の土壇と大きな礎石が残っている。空海との関係も深い。「久米寺の東塔に大日経がある」と夢をみた空海が経を発見し、仏教の本質を解き明かす上で非常に重要と確信して唐に渡り恵果和尚から密教を伝授された。大同2（八〇七）年、帰国して宝塔内で経王を講讃し、初めて真言密教を宣布された、真言宗発祥の地である。

春の訪れを告げる雪柳や桜、つつじ、あじさい…と、季節に応じて花を楽しめる。毎年五月三日には、二十五菩薩練供養があり、仁王門近くの護国道場から本堂まで約百メートルに架けた「来迎橋」を渡る。村中で楽しむ風習のため、のどかな雰囲気が漂う。

☎0744-27-2470 奈良県橿原市久米町502
https://yakushi49.com/07kumedera/

● **基本情報**

🕓9:00～17:00
¥400円（小学生は100円）
休なし　Pあり（無料）　WCあり
🍴なし　宿なし　WiFiなし

● **おすすめ撮影スポット**

多宝塔

● **主な行事**

練供養	5月3日
あじさい祈願	6月第3日曜日（有料）

● **アクセス**

🚗南阪奈道路葛城ICから国道169号経由10km20分

他近鉄「橿原神宮前」駅下車、徒歩5分

● **境内図**

（■お薬師様　★納経所　🚻トイレ　P駐車場）

第8番

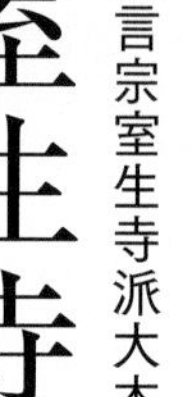

真言宗室生寺派大本山

室生寺（むろうじ）

女人高野の趣

室生山は太古の火山活動によって形成され、自然エネルギーに満ちている。奈良時代末、皇太子山部親王（後の桓武天皇）の病気平癒を祈願し、興福寺の学僧賢璟（けんきょう）ら僧五人が山中で祈祷して効果があり、勅命で室生寺が創建された。平安時代初め、賢璟の高弟修円が伽藍建立に当たった。興福寺の法相宗をはじめ天台、真言、律宗などの高僧を迎え、山中で修行する傍ら各宗を勉学する道場となった。龍が住むという龍穴もあり龍神信仰も盛んで、雨乞い祈願も度々行われた。

朱塗りの太鼓橋を渡ると寺の入り口で「女人高野室生寺」の石碑には、多額の寄進をし寺を再興させた徳川綱吉の母桂昌院の実家の家紋・九目結紋が彫られている。高野山が女人禁制なのに対し、女性の参詣を認め、室町時代には尼僧が集団で参詣したこともある。仁王門をくぐり、左に曲がると平安時代初期のこけら葺き国宝金堂が鎧（よろい）坂の石段の上に見える。一歩一歩、身を浄める想いで登る。江戸時代に増築された懸け造りから内陣を拝むと、カヤの一木造りで朱色の流れるような衣文の国宝・釈迦如来立像（伝薬師如来）を中心に、文殊菩薩、薬師如来が並びその前に十二神将像が立つ。個性あふれる仏像の数々に圧倒される。少し登ると真言密教で最も重要な儀式を行う潅頂堂（本堂）があり、如意輪観音菩薩（重文）が安置されている。鎌倉時代の国宝だが、今はいつでも自由に入れる。二時間、三時間座る人、涙を流す人もいると

いう。山岡淳雄総務主事は「お堂に案内人がいて参拝者に声を掛け、中の説明をしています。人を救う意味を考えたり、自らを振り返る契機になればうれしい」と語る。

さらに少し登り国宝五重塔を仰ぐ。高さ十六・一メートルと屋外に建つもので最小の塔。平安時代初期、寺で最古の建物で、頂上の相輪が珍しく、九輪の上に水煙でなく、宝瓶（ほうびょう）と八角形の宝蓋（ほうがい）が設けられている。伽藍を造った修円が宝瓶に竜神を封じ込めたと伝わる。そこから空海を祀る御影堂がある奥の院まで胸突き八丁の石段が続く。山岳寺院の良さで、シャクナゲや新緑、紅葉から冬景色まで四季折々に楽しめる。

☎0745-93-2003　奈良県宇陀市室生78

https://yakushi49.com/08murouji/

● 基本情報

🕓8:30～17:00（12月～3月は9:00～16:00）

¥大人600円、小人400円、団体30名以上で100円引き

休なし　Pあり（有料）　WCあり（車いす可）

🍴なし　宿なし　WiFiあり（一部区間）

● 門前情報

食事施設あり

● おすすめ撮影スポット

鎧坂

● 主な行事

正御影供　4月

青葉祭　6月

陀羅尼会　12月

● アクセス

🚗名阪国道「針IC」より所要20分

他近鉄大阪線「室生口大野」駅下車、奈良交通バスで15分

● 境内図

（■お薬師様　★納経所　🚻トイレ　P駐車場）

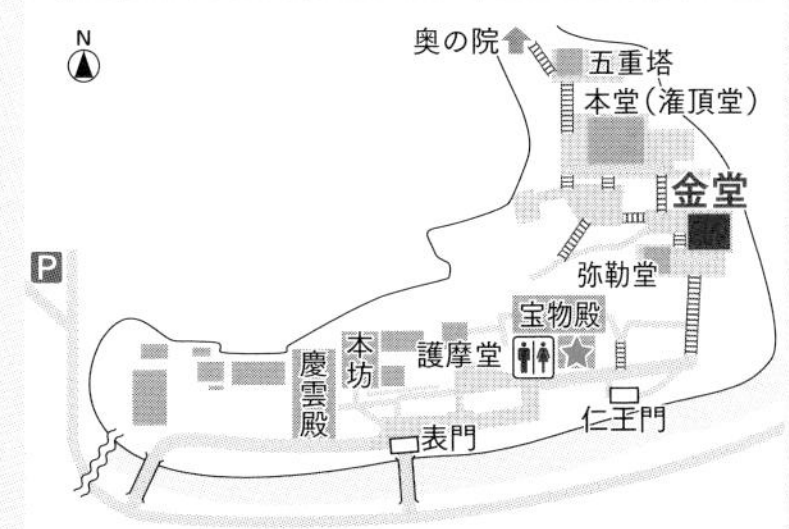

第9番

高野山真言宗

金剛寺

こんごうじ

自分の心見つめ
仏に対す

平安末期、小松内大臣平重盛公が寺を創建したという。公は父清盛の横暴を身をもって諫めたことで知られている。江戸初期から野原城主畠山義春公の菩提寺として復興し、江戸末期から明治、大正にかけて唐招提寺長老の隠居寺となった。約四十キロ離れた奈良の地から長老が隠居にやって来て、また出向くという異色の歴史を持つ。一時は京都仁和寺の直末の中本寺でもあった。

山門に釣鐘がつり下がっている。二百五十年ほど前、近畿一円の十万人が少しずつ出し合って寄進したものという。藤棚が続くが、普通は下向に垂れる花房が逆に上に向かい、歩いて進める。庫裡は築三百二十年の茅葺きで風格があり、長老の隠居の間、弟子育成の場だった。赤い毛氈に長テーブルが並び、南の元禄の庭を眺めると風情がある。隣続きの瓦葺本堂は元禄期に再建された。藤原時代の薬師如来坐像を本尊に祀る。香木、白檀の一木造で、両脇に日光、月光菩薩が立つ。十二神将も並ぶ。続いて護摩堂や位牌堂、観音堂が連なり、阿弥陀如来や地蔵菩薩、象に横乗りされた文殊菩薩など、平安から江戸まで各時代の仏を拝むことができる。藤原覚盛住職は「こじんまりとした寺ですが、先代住職は『皆さんに仏様の近くでお祈りしていただくのが一番』とよく言っていた」と語り、気さくな雰囲気が境内に漂う。池大雅の書や、

大石内蔵助の号「可笑」が入った福禄寿の版画などもさりげなく飾られている。
花の寺としても知られる。根が生薬となる牡丹は中国から仏教と共に伝わったが、江戸末の本常大和尚が境内に植えたのが始まり。今は観賞用として本堂裏手に二千平方メートルの牡丹園があり、春には百種類、千株が咲き競い、吉野川の清流を見下ろし、金剛山を望みながら観賞できる。一ヵ月ほど咲き続ける菊も不老長寿の花として、お薬師さんにふさわしいと、秋には小菊で境内が埋まる。牡丹寺、菊薬師と呼ばれる所以（ゆえん）だ。

☎0747-23-2185　奈良県五條市野原西3-2-14
https://yakushi49.com/09kongoji/

● 基本情報

🕓8:30～17:00（入山は16:30まで）
¥300円、ぼたん園開園時期350円、団体（30人以上）・中小割引あり
休なし　Pあり（無料、春シーズンのみ有料）
WCあり　🍴なし　宿なし　WiFiなし

● おすすめ撮影スポット

庫裡前・枯山水の庭

● 主な行事

ぼたん祭り　4月20日～5月下旬
菊薬師会式　11月3日

● アクセス

🚗京奈和道「五條IC」より所要13分
他JR和歌山線「五条」駅下車徒歩25分又はタクシー7分、バスは野原循環バス約10分「金剛寺」下車

● 境内図

（■お薬師様　★納経所　🚻トイレ　P駐車場）

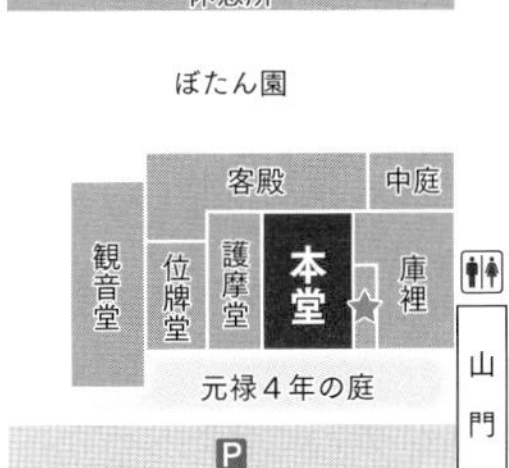

高野山真言宗

龍泉院

りゅうせんいん

弘法大師が雨請い祈願した寺

山門をくぐると、正面に石の「わらべ地蔵」六体がある。メイン道路から離れているため、野鳥のさえずる静寂さ、澄んだ空気に身を包まれ、お地蔵さんの愛らしさに心が和む。右側の玄関に入って、掃除が行き届いていることに驚く。廊下の床から天井まで、木の材そのものの色でチリ一つない。一心不乱に乾拭(から)きする寺生(学僧)の姿も見える。人より一段と低い位置に身を置き、不平不満を表さず己を磨く修行法の一つ「下座行」の実践だ。「わかりやすく言えば掃除。床を拭きながら視点を移し、壁や天井など細かくチェックする。同時に自分の心のチリを払い、心の汚れをきれいにする」と執事は話す。こまめに手入れし、木の廊下に隙間ができたり、少しでも悪くなると直してもらった。その繰り返しで徐々に姿を変えて今に引き継がれている。襖絵のある客室や檀信徒の宿坊はもちろん、境内の隅々まで目が届いている。

寺は真慶律師が開基。弘法大師空海が龍王の母・善女龍王を勧請し雨請い祈願し、降雨に導いた。

人がすっぽり入るほどの窪みのある池に、本尊の藤原時代末期の重文薬師如来などを沈めて火災から守った。

空海の高弟の真雅僧正が阿字観を修せられた古刹でもあり、古くより毛利元就や佐々木高綱、楠正成らの帰依厚く、織田家、源家らの壇縁が深い。寺宝の弘法大師作の龍猛菩薩像は毛利元就の寄贈したもので、弘仁仏として知られる。高野山真言宗総本山金剛峯寺の北

側すぐに位置し、高野御室光臺院とは隣接している。根本大塔や、七つあった女人堂の中で唯一残っている不動坂口女人堂にも近い。

高野山は海抜約千メートルで、内輪山、外輪山で囲われた東西六キロ、南北三キロの盆地。中国から密教を持ち帰った空海が弘仁七（八一六）年に嵯峨天皇からこの地を賜り、密教の修行道場として伽藍諸堂の建立に着手したのが始まり。明治五（一八七二）年の女人禁制解除まで、いかなる女性も高野七口にあった女人堂より内に入ることは許されなかった。いまは、七口をつなぐ女人道を回って歩き、大師廟に手を合わせるグループも見られる。

☎0736-56-2439 和歌山県伊都郡高野町高野山647
https://yakushi49.com/10ryusenin/

基本情報

🕓9:00～17:00

¥無料　休なし ※本堂使用中（法要等行事）は拝観不可　Pあり（無料）　WCあり

食あり　宿あり（150名収容の宿坊あり。要予約）　WiFiなし

アクセス

車 京奈和自動車道「紀北かつらぎIC」より所要40分

他 南海電鉄高野線「高野山」駅下車、林間バスで「警察前」下車すぐ

境内図

（■お薬師様 ★納経所 P駐車場）

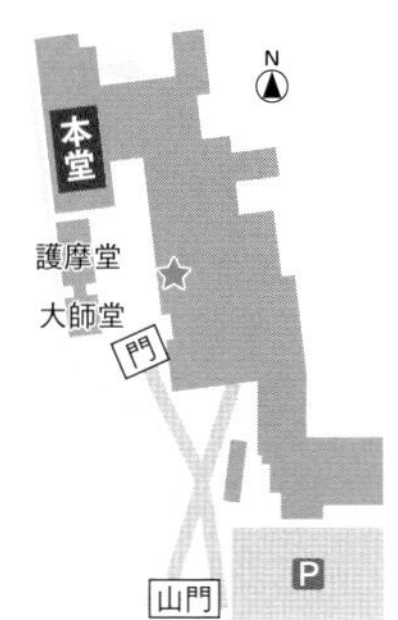

第11番

高野山真言宗

高室院（たかむろいん）

北条家の菩提所

弘法大師が高野山を開いた弘仁七（八一六）年から三百数十年後の鎌倉時代、村上天皇の血を引く房海僧正が創建した。小田原の北条氏と繋がりが深く、天正十八（一五九〇）年、秀吉に攻められて敗れた北条氏直公が一年間潜居していたため、小田原坊とも呼ばれる。寺の前の通りは小田原通といわれている。現在でも特に東京や横浜、湘南などと壇契が深い。戦国時代、高野山は大名がパトロンで、大名の紋が寺紋となっているところも多い。高室院の紋は北条家の三つ鱗で、僧の掛ける袈裟や堂の中に紋が見られるが、宿坊は現在檀徒でなくても宿泊できる。高野山では昔は参詣した人にどこから来たか聞いて、行く寺を指示していたという。

玄関に入ると左右に長い廊下が続き厳かな雰囲気。右にある本堂は明治二十一（一八八八）年の大火で類焼し、昭和五十九（一九八四）年の大師入定千百五十年御遠忌に鉄筋コンクリート寄棟造りで再建された。そのときに京仏師江里宗平師が造ったのが本尊薬師如来で、秘仏とされている。右手に御大師さんが安置され、奥に額の阿閦（あしゅく）如来が祀られている。左手は護摩壇で不動尊とその使者の八大童子が祀られている。

元の本尊薬師如来は『紀伊續風土記』によると行基の真作と伝えられ、重要文化財のため現在は高野山霊宝館に収められている。寺宝として弘法大師御筆大威徳明王影・高野結界啓白文・十二天屏風・同制作帆揚不動尊（重文）もある。「真言宗では曼荼羅の中に東方

第11番

浄土のお薬師さんの姿はない。その代わり阿閦如来さんが居られる。金堂の本尊は阿閦薬師合体仏です」と、斎藤天譽住職はいう。

明治になって高室院は隣接した大乗院、発光院、蓮上院を合併しており境内は広く、表門を入ると弘法大師像が出迎えてくれる。町の中央に位置し、大師が入定した御廟がある奥之院や高野山真言宗総本山金剛峯寺にも参詣し易く、買い物も便利な地にある。高野山には年間百二十万人ほど参詣するが、新緑や紅葉のシーズンは大混雑し、夏場は避暑地がわりにもなるが、厳冬期には零下十数度にも達し、それに伴い季節により参詣者数は激しく上下する。

☎0736-56-2005　和歌山県伊都郡高野町高野山599
https://yakushi49.com/11takamuroin/

基本情報

9:00～17:00

¥ 無料 ※納経料により本堂拝観可

休 なし ※本堂にて法要執行中は拝観不可

P あり（無料）　WC あり

食 なし　宿 あり（要予約）　WiFi なし

門前情報

近くに車椅子用トイレあり

おすすめ撮影スポット

境内の庭より

主な行事

薬師護摩　毎月8日

アクセス

車 国道24号より国道370号・480号を経由、約1時間

他 南海電鉄高野線終点 ケーブルにて「高野山」駅よりバス、タクシーにて

境内図

（■お薬師様 ★納経所 トイレ P駐車場）

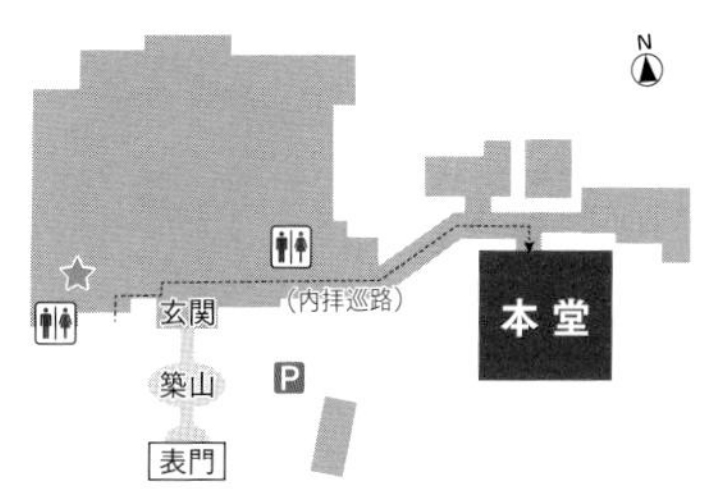

第12番

高野山真言宗 禅林寺（ぜんりんじ）

度重なる災害を乗り越え

俗に幡川のお薬師さんとして、広く親しまれている。千二百数十年前、唐の青龍寺の僧為光上人が聖武天皇からこの地をもらい、勅願所として建立したのが寺の始まり。当時は七堂伽藍が整っていたが、建武以前に金堂はじめ寺庫まで焼失し、再興された後も天正十三（一五八五）年に豊臣秀吉の南征による兵火で焼失し、広大な寺領も全て没収された。

その後、中興したのは塔頭中之坊の秀慶法印。本尊を求めている時、桧前の山頂より夜な夜な光がさし、不思議に思って登り、為光上人が招来した七仏の一体の御頭を見つけた。その頭に合わせて塑造技法で補作したのが現在の本尊薬師如来坐像とされてきた。三十三年に一度御開帳の秘仏で、塑像の薬師像は非常に珍しい。荘厳な雰囲気の両目のつくりや、頬の豊かな張り、肉厚な両耳の形など天平時代の特色が認められる。

これまで頭だけが天平時代のもので、体部は秀吉に焼かれて以後の補修とされてきたが、平成十九年の和歌山県調査で、体だけでなく頭の一部も鎌倉時代に補修されていた。体の内側に天平のものが残っている可能性もあることがわかった。ご尊顔を拝すると煉瓦状に黒く焼固しており、度重なる災禍を乗り越えられた歴史がうかがえる。

本堂の東側には、たくさんの小さな身代わりおじいさん、おばあさん像に囲まれた「ぼけよけ地蔵」を

前立の薬師如来坐像

祀っている。足元で子供ならぬ老夫婦が地蔵さんの持つ数珠をしっかりと握っている。近くには神経痛やリュウマチにご利益あるといわれる足神さんがあり、役行者の石像が立つ。大師堂は、漆器の町・海南を象徴し漆塗の四季の花で天井を飾っている。裏山には二百年以上前から、新四国八十八ヶ所が祀られ、四国までお参りできない人に喜ばれている。薬師谷川が境内前を流れ、常緑樹に囲まれ空気も澄み、明るい陽光が人々に安らぎを与えてくれている。

☎073-482-1894 和歌山県海南市幡川424
https://yakushi49.com/12zenrinji/

● 基本情報

9:00〜17:00

¥無料　休なし　Pあり（無料）　WCあり

🍴なし　宿なし　WiFiなし

● おすすめ撮影スポット

本堂前

● 主な行事

初薬師　1月8日
初大師　1月21日
春秋彼岸会
正御影供　旧暦3月21日
しまい大師　12月21日

● アクセス

🚗阪和自動車道「海南東IC」より所要5分

他JR紀勢線「海南」駅より、オレンジバス「薬師谷」下車、徒歩10分

● 境内図

（■お薬師様　★納経所　トイレ　P駐車場）

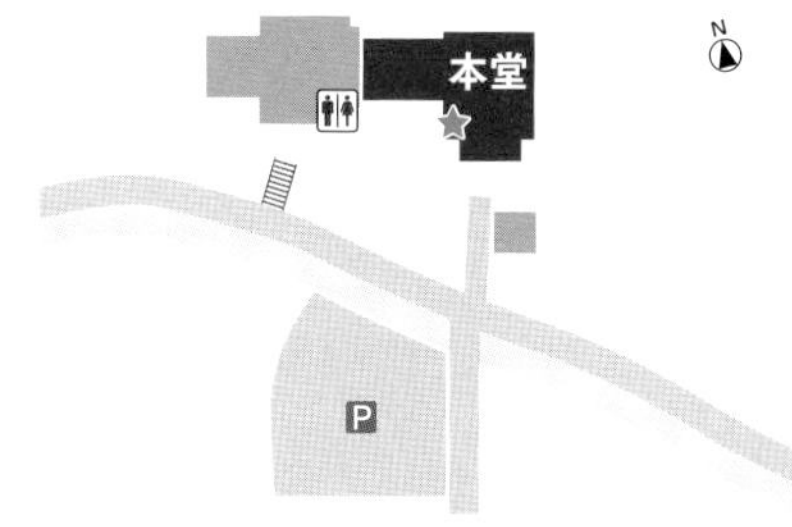

真言宗醍醐派

弘川寺

ひろかわでら

歌人西行法師、終焉の寺

大阪と奈良にまたがる葛城山の麓、のどかな田園にかこまれて弘川寺がある。寺は天智四（六六五）年に、役行者が開山。その後、天武天皇が行幸されて勅願寺となる。本堂には本尊の薬師如来坐像がまつられている。また、行基が修行、空海が嵯峨天皇の命で中興し、密教の霊場と定められた。

「願はくは花の下にて春死なむ　そのきさらぎの望月のころ」。この歌を詠んだ歌人西行法師は、平安末期、私淑した座主の空寂上人を訪ねて寺に来られ、文治六（一一九〇）年、七十三歳で入寂された。

その後、河内の国の守護畠山氏の政長と義就が河内の国の争奪戦を続け、この争いで弘川、善成の二カ寺が焼失したが、本尊の薬師如来はじめ弘法大師像、空寂上人像などは兵火を免れて今に至っている。

本堂横から裏山に登る道を行くと、西行坐像をまつる西行堂、さらに登ると西行墳の周辺には、千本余りの供花の桜が植えられている。近年は桜の名所としても知られ、訪れる人も多い。近くには江戸時代の歌僧で、西行堂を建てて住み、境内に「花の庵」を建てて住み、生涯を西行の顕彰に尽くした

似雲法師の似雲墳がある。

西行法師八百年遠忌の平成元（一九八九）年には、永くその遺徳を顕彰するために、西行記念館を開設。西行法師にかかわる寺宝や貴重な資料を多数展示している。文武両道に優れていたが、仏の道と歌の世界に生きたとされる西行に多様な角度からスポットを当てて、訪れる現代の人たちに伝えている。

本坊の庭園には樹齢約三百五十年の天然記念物、海棠（かいどう）があり、四月の中ごろには桜の花が散る風景に代わるようにして見ごろとなる。

☎0721-93-2814 大阪府南河内郡河南町弘川43
https://yakushi49.com/13hirokawadera/

● 基本情報

🕒本坊庭園・西行記念館　10:00～17:00
¥本坊庭園・西行記念館共で大人500円、小人200円、団体割引は20人以上で大人400円、小人100円、西行記念館開館（春4月1日～5月10日・秋10月20日～11月30日）、本坊庭園300円（西行記念館閉館中）
休なし　Pあり（無料）　WCあり（車いす可）
🍴なし　宿なし　WiFiなし

● おすすめ撮影スポット

本坊庭園、境内、桜山

● 主な行事

修正会　1月1日
涅槃会　旧暦2月15日
御影供　4月21日
施餓鬼会　8月15日

● アクセス

🚗大阪外環状線（170号）新家交差点より国道309号に入り、佐備神山交差点を左折上河内方向へ河内弘川寺に着く。
他近鉄南大阪線阿倍野橋駅から河内長野行「富田林」駅下車。金剛バス河内行で終点「河内」下車約200m。又はさくら坂行で「河内小学校前」下車約800m

● 境内図

（■お薬師様　★納経所　🚻トイレ　P駐車場）

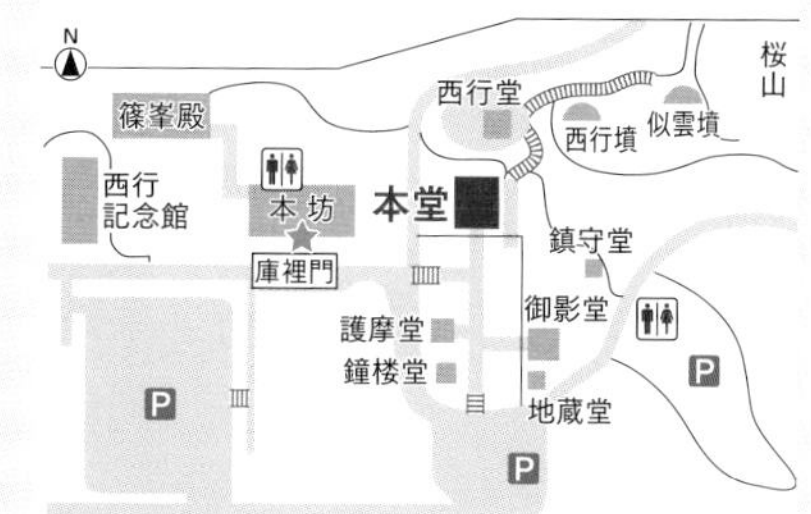

第14番

高野山真言宗
野中寺（やちゅうじ）

弥勒菩薩の寺として知られる

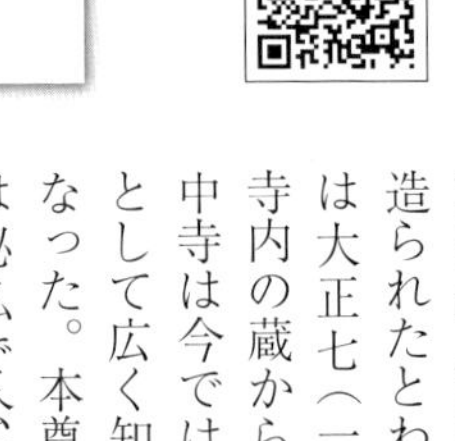

毎月十八日、大阪府の南、羽曳野市にある野中寺には仏像研究家やマニアが多く訪れる。開帳される弥勒菩薩半跏思惟像（重要文化財）と地蔵菩薩立像を見るためである。

弥勒菩薩像は高さ三十・九センチの小さな像だが、頭部が大きく、右手の手のひらを正面に向けている。台座の周囲に銘文があり、「丙寅」（西暦六六六年）に造られたとわかる。この像は大正七（一九一八）年、寺内の蔵から発見され、野中寺は今では弥勒菩薩の寺として広く知られるようになった。本尊の薬師如来像は秘仏で公開されていない。

野中寺は、聖徳太子が蘇我馬子の助力を得て建立したと伝わる。叡福寺の「上の太子」、大聖勝軍寺の「下の太子」に対し、「中の太子」といわれ、聖徳太子ゆかりの「河内三太子」の一つである。

創建当初の伽藍は南北朝の争乱で焼失したが、礎石が現在も残り、中門跡、金堂跡、塔跡、講堂跡、回廊跡が昭和十九（一九四四）年、国の史跡指定を受けた。この礎石は法隆寺式伽藍の配置を示す遺構で、近年の発掘調査から、塔跡の中心礎石の柱穴は深さが約二メートルもあることがわかった。

野口眞戒住職は「その大きさから、従来は三重塔といわれていた塔は、実は五重塔の可能性もあるとみられています。また、大変貴

重な西暦六五〇年の瓦も出土しています」と、最近の考古学的な研究成果を話してくれた。

江戸時代には、戒律を専門とする修行道場として栄え、多くの僧侶を輩出。その僧たちが起居した寮や食堂が今も残っている。

境内の奥には、浄瑠璃や歌舞伎で有名なお染・久松の戒名が記された供養塔がある。江戸時代には僧侶の学校でもあった同寺の有力な後援者の一人、天王寺屋権右衛門が、心中した妹のお染と手代の久松の冥福を祈って建てたと伝わる。

☎072-953-2248 大阪府羽曳野市野々上5-9-24
https://yakushi49.com/14yachuji/

● 基本情報

拝観は毎月18日のみ。9:30～16:00まで。境内は自由

¥ 300円

休 なし ※毎月18日以外の日は拝観不可

P あり（無料）　WC あり

食 なし　宿 なし　WiFi なし

● アクセス

車 西名阪自動車道「藤井寺IC」より所要15分

他 近鉄南大阪線「藤井寺」駅下車、近鉄バスにて「野々上」バス停下車すぐ

● 境内図

（■お薬師様 ★納経所 トイレ P駐車場）

行基宗

家原寺

えばらじ

合格祈願で人気の「知恵の文殊」

仁王像が立つ南大門（仁王門）から境内に入り、本堂・文殊堂に向かうと正面から両側まで壁一面が白く見える。近づくと文字の書かれた白布がびっしりと張られている。「大学合格祈願」「志望大学に受かりますように」「公務員試験合格」…。高校、大学など受験生の合格願いだった。

行基誕生の地と伝わる同寺は、本尊が文殊菩薩である。文殊菩薩は「知恵の文殊」として知られ、今は高校、大学や各種試験を目指す学生や親の参拝が後をたたない。寺西浩章管長によると「文殊菩薩をまつったのは当寺が最初で、江戸時代には、庶民の願いを紙や札に書いて貼っていたようです。その後は、チョークやマジックで本堂に書くようになった」ために、直接壁面に書くのは禁止とし、「祈願ハンカチ」を販売してそこに願いを書くようになった。こうした歴史的経緯から、親しみを込めて通称「落書き寺」とも呼ばれている。

広い境内の中ほどには池を配置し、本堂のほか開山堂、行基塚、薬師堂、不動堂、三重塔、南大門などが建つ。薬師堂には薬師如来坐像とその両側に日光菩薩、月光菩薩、十二神将が安置されているが、一般には公開されていない。南大門は現在の家原寺では最も

古い建物だとされる。
長い歴史の中で、幾度も荒廃と復興を繰り返してきたという同寺は、昭和の初めから復興に向けて本堂修理などを手掛け、三重塔は平成元（一九八九）年に再建された。
「行基さんが生まれた歴史のある古い寺ですから、昔から単立寺院になるのが願いでした。戦後は高野山真言宗に属していたのですが、平成三十（二〇一八）年に望みがかなって単立寺院となりました」。寺西管長は感慨深げに話してくれた。

☎072-271-1505 大阪府堺市西区家原寺町1-8-20
https://yakushi49.com/15ebaraji/

● 基本情報

9:00～17:00（入山は16:00まで）
¥500円、高校生以下無料
休なし　Pあり　WCなし
食なし　宿なし　WiFiなし

● 門前情報

レストラン有り

● おすすめ撮影スポット

放生池ごしの塔・蓮

● 主な行事

初詣	1月
大とんど法要	毎年1月最終日曜日

● アクセス

車 阪和自動車道「堺IC」より10分、阪神高速堺線から第二阪和国道に入り15分

他 JR阪和線「津久野」駅下車徒歩12分

● 境内図

（■お薬師様　★納経所　トイレ　P駐車場）

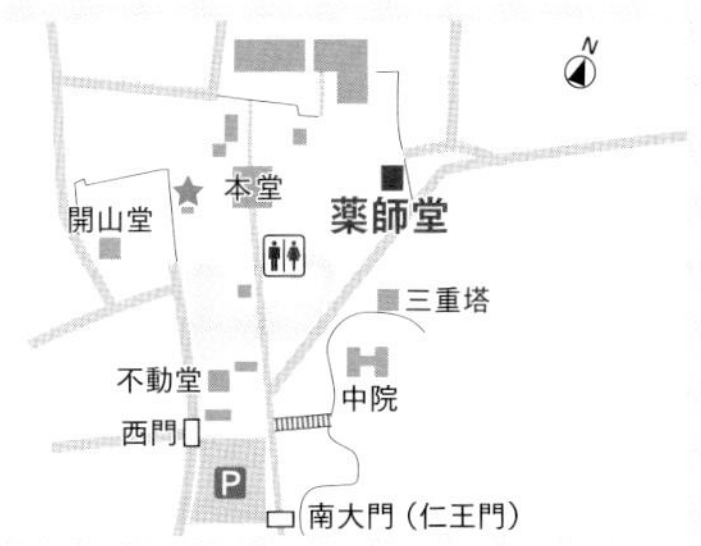

和宗総本山 四天王寺（してんのうじ）

息づく太子信仰　最初の官寺

大阪の市街地にあるのに、一歩境内に入ると空気は一転。読経の声、線香の匂い、お参りをする夫婦の姿…外の喧騒とは無縁のゆったりとした時が流れている。

甲子園の三倍という広大な敷地。中門をくぐると、五重塔、金堂、講堂が南から北へ一直線に並ぶ。四天王寺式と呼ばれる伽藍配置は、最も古いタイプの一つ。中心伽藍は大阪空襲で焼失後の再建とはいえ、同じ位置に建てられ往時の様式を保っている。

聖徳太子による日本仏教最初の官寺で、創建は推古天皇元年の五九三年とされる。蘇我氏と物部氏が合戦になった折、崇仏派の蘇我氏についた聖徳太子は四天王像を彫り、戦いに勝利したら四天王を安置する寺院を建て人々を救済すると請願。勝利して誓いを果たした、と伝えられている。

長く天台宗に属していたが、戦後間もなく独立し和宗となった。十七条憲法第一条の「和を以(も)って貴(とうと)しと為(な)す」の「和」から取っている。仏法興隆と太子精神の高揚を本願とする寺として再生、本尊は金堂の救世観世音菩薩。

薬師如来坐像を本尊とするのが重文・六時堂だ。朝夕六回、礼讃が行われたことからその名がある。空襲による焼失を免れ、江戸初期、再建時そのままの重厚な姿が目を引く。納骨や供養などが行われる中心的な道場で、太子命日の二月二十二日にちなみ、四月二十二日には聖霊会が催され、天王寺舞楽が石舞台（重要文化財）で披露される。

重文の石鳥居もぜひ訪ねたい。鳥居越しに沈む夕日を拝し、極楽往生を念じる聖地とされる。春と秋の彼岸の中日には「日想観」が行われ、手前の西大門は、「極楽門」とも呼ばれる。

聖徳太子が設置した敬田、施薬、療病、悲田院の精神を引き継ぐ教育、福祉事業が行われ、太子の月命日の二十二日に太子会、弘法大師の月命日の二十一日には大師会が催され、骨董市など露店が立ち並び、多くの参拝者でにぎわう。

日本人の心に浸透している太子信仰が、千四百年の時を超えて今も息づく寺なのである。

☎06-6771-0066　大阪市四天王寺区四天王寺1-11-18
https://yakushi49.com/16sitennoji/

● 基本情報

🕓 4月～9月 8:30～16:30、10月～3月 8:30～16:00

¥ **中心伽藍** 大人300円・大学高校200円・中学小学生無料・幼稚園児無料、**庭園** 大人300円・大学高校200円・中学小学生200円・幼稚園児無料、**宝物館** 大人500円・大学高校300円・中学生以下無料

休 なし（庭園・宝物館は休みあり）

P あり（有料）　WC あり（車いす可）

🍴 あり（不定休）　宿 なし　WiFi あり

● おすすめ撮影スポット

石鳥居・中心伽藍・中門（仁王門）

● 主な行事

聖霊会舞楽大法要　4月22日

● アクセス

🚗 阪神高速道路14号松原道「夕陽丘」出口から6分・「文の里」出口から10分

他 環状線・地下鉄御堂筋・谷町線の「天王寺」駅から北へ徒歩12分、地下鉄谷町線「四天王寺前夕陽ヶ丘」駅から南へ徒歩5分

● 境内図

（■お薬師様 ★納経所 🚻トイレ P駐車場）

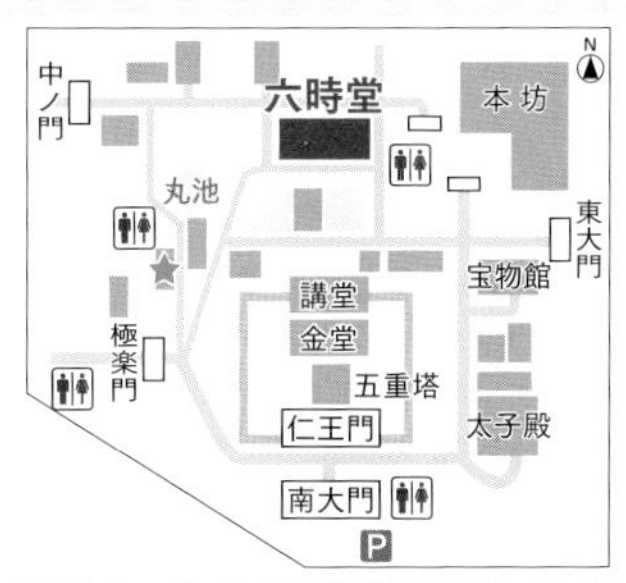

真言宗国分寺派大本山

摂津国 国分寺

せっつこく こくぶんじ

十四天皇の勅願道場の歴史

大阪・梅田の東に日本一長いアーケード商店街として有名な天神橋筋商店街がある。買い物の地元の人たちにまじって、店内をのぞき見しながら歩く海外からの観光客らで混みあっている。その商店街の東端からすぐ近く、にぎやかな街中に国分寺はある。

「この商店街は、20年ほど前までは閑散としていました。それが、テレビなどで活気がもどった商店街が紹介されてから、一気に全国区の街になりました」。国分寺の糟谷眞教宗務総長が、周辺の最近の変化を話してくれた。

寺の歴史は斉明天皇の時代にさかのぼる。斉明天皇は先帝の菩提を弔うために建物を建ててこれを長柄寺と称した。その後、聖武天皇が一国一寺の国分寺創設の詔勅を出されると、摂津国の国分寺と改称した。それ以来、十四天皇の勅願道場（僧が修行する場所）として栄えた。

長い歴史の中で、大阪夏の陣や第二次世界大戦など幾度も戦禍を受けて寺領を失い、寺宝を焼失もしたが、戦後、復興を果たし、真言宗国分寺派大本山として現在に至っている。全国に末寺六十カ寺があり、毎年五月にその末寺が集まっての大法要が行われている。

平成三十（二〇一八）年五月には、快圓律師が享保三（一七一八）年に中興さ

れたのを記念して、全国から末寺、教師、檀信徒が集まって盛大な中興三百年の大法要が催された。

境内正面の昭和金堂に本尊の薬師如来が安置され、護摩堂の奥には樹齢三百年を数える巨大なイチョウの木がそびえる。「最近の台風で枝が折れたりしましたが、本体はよく持ちこたえてくれました」。そびえたつ霊木を見上げる糟谷宗務総長の顔には、ほっとした表情と歴史を伝える使命感がのぞいた。

☎06-6351-5637　大阪市北区国分寺1-6-18
https://yakushi49.com/17kokubunji/

● **基本情報**

9:00〜17:00
¥ 無料　休 なし　P なし　WC あり
食 なし　宿 なし　WiFi なし

● **門前情報**

近くに天神橋筋商店街

● **主な行事**

正月会	1月1日
春彼岸会	3月春分の日
国分寺会	5月第3日曜
盆供施餓鬼会	8月16日
秋彼岸会	9月秋分の日
除夜の鐘	12月31日

● **アクセス**

車 阪神高速守口線「長柄出口」樋之口交差点過ぎてすぐ左折の突き当り

他 OsakaMetro「天神橋筋6丁目」駅2番出口樋之口交差点すぎてすぐ左折の突き当たり
大阪シティバス、大阪発83番系統「長柄国分寺」バス停左へすぐ

● **境内図**

（■お薬師様　★納経所　トイレ　P駐車場）

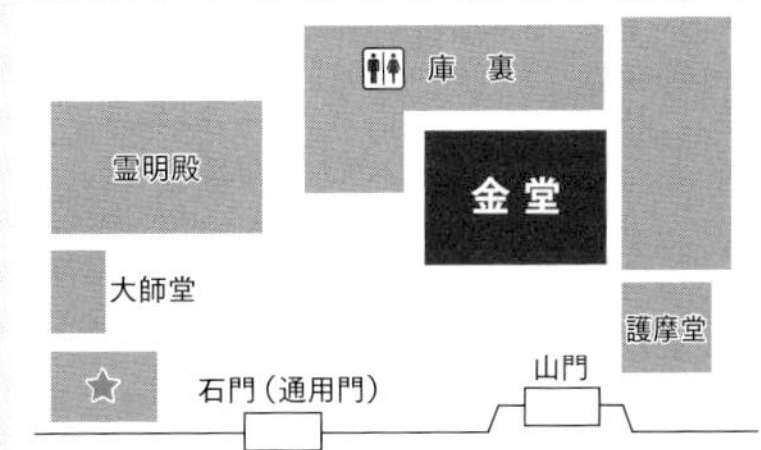

高野山真言宗

久安寺（きゅうあんじ）

秀吉ゆかりの「花の寺」

大阪・池田市から京都・亀岡市方面へ、摂丹街道と呼ぶ国道423号を車で向かい伏尾町に入ると、左手の山すそに久安寺がある。国道沿いにある楼門は「軒反り」という珍しい技法で造られ、国の重要文化財に指定されている。南北朝期の作とされる金剛力士像を安置し、山を背景にどっしりとした構えである。

楼門から北へ真っすぐ三百五十メートルの参道が伸びる。東側にある薬師堂には池田市では最古の仏像である薬師如来立像が祀られている。西側の阿弥陀堂には平安時代後期の作と伝わる阿弥陀如来坐像（国の重要文化財）が安置され、その隣に本堂、御影堂がある。参道の一番奥には平成十八（二〇〇六）年に建てられた仏塔（舎利殿涅槃堂）があり、そこには六・四メートルの大きな涅槃石像が祭られている。阿弥陀堂は毎月十五日に公開されている。

行基が開創したと伝わる「安養院」が前身で、その後、久安元（一一四五）年、近衛天皇の勅願所となり、「久安寺」と号した。豊臣秀吉が月見や茶会を楽しんだと伝わり、境内には秀吉手植えのカヤの大木や腰掛石が残り、歴史を伝えている。

三万平方メートルを超える広大な境内には、モミジやツツジ、ボタン、アジサ

イなど色とりどりの花が四季折々に咲き、境内を鮮やかにいろどる。特に千株もあるアジサイの白、青、ピンク、紫の花を参道沿いの具足池に浮かべる「花のお葬式」は、参拝者の目と心を魅了する。

「花の季節になると、カメラやスマホを手にした参拝者が絶えません。最近はSNSなどで話題になって、若い人たちの参拝がふえました。今は花の寺としても広く知られています」。國司真相住職の説明から、古寺を取り巻く変化がうかがえた。

☎072-752-1857　大阪府池田市伏尾町697
https://yakushi49.com/18kyuanji/

● 基本情報

🕓9:00～16:00
¥300円（小学生以上均一）
休なし　Pあり（無料）　WCあり
🍴あり（火曜日定休）　宿なし　WiFiなし

● おすすめ撮影スポット

虚空園、楼門、仏塔

● 主な行事

もみじまつり
もみじ茶会　など

● アクセス

🚗阪神高速「池田木部IC」第一出口より5分・新名神高速「箕面とどろみIC」より5分
他阪急電車宝塚線「池田」駅より阪急バスで15分、「久安寺」下車徒歩すぐ

● 境内図

（■お薬師様　★納経所　🚻トイレ　P駐車場）

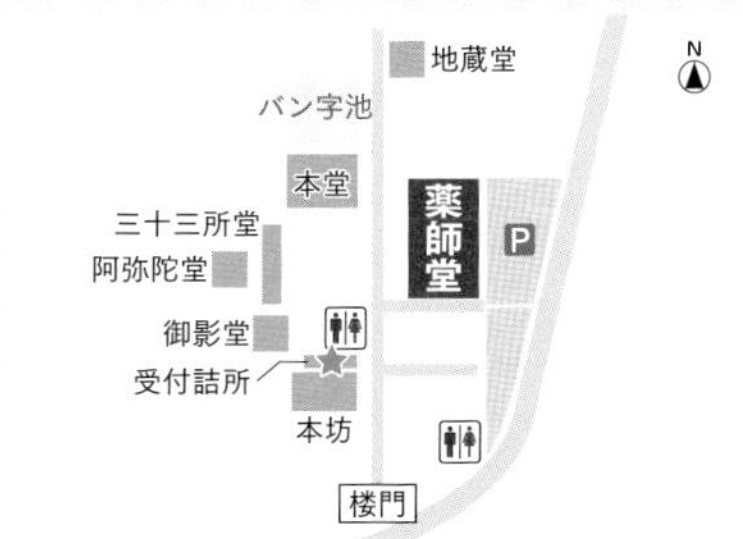

高野山真言宗

昆陽寺

こやでら（こんようじ）

阪神淡路大震災から見事に復興

伊丹市の国道171号線（旧西国街道）のすぐ北に野鳥の楽園といわれる昆陽池がある。渡り鳥のカモ、ツルなど多数が飛来して市民らの憩いの場となっている。この昆陽池周辺は、かつては万葉集にも詠まれた荒地だった。

広大なこの地を開墾して昆陽池や水路、田畑を開いて多くの氏族を住まわせ、その中心に昆陽寺を建立したのが行基である。七堂伽藍を建造、行基自らが刻んだといわれる薬師如来坐像、文殊菩薩像、十一面観音像等を安置して、国家安全、五穀豊穣を祈願する信仰の地となった。

西国街道が通る交通の要衝であり、布施屋を設けて病人や貧しい人を救済する社会福祉事業の拠点ともなり、行基の徳を慕う人々が訪れ次第に隆盛をきわめた。

しかしその後、たびたびの災禍にあい、織田信長が伊丹城主、荒木村重を攻略した時、兵火により堂塔伽藍が灰燼に帰すなどの苦難の歴史も持つ。

近年の最大の災禍は、平成七（一九九五）年一月十七日に起こった阪神淡路大震災である。万波通宏名誉住職は「あの地震で、山門から本堂、観音堂などすべての建物が崩壊しました。ただ、本堂におまつりしていた本尊の薬師如来坐像は無事でした。まるで奇跡の

ように感じたものです」と振り返る。

その後、傾きの小さい堂は起こし、倒れた堂は柱や木材はできるかぎり生かして復興工事に着手。平成十（一九九八）年五月に完成した。「資金面も苦労しましたが、これだけの工事をしてもらう大工さんを探すのが大変で、奈良から宮大工さんにきてもらいました」。万波名誉住職は当時を思い出すように話してくれた。

山門と観音堂、行基堂内の二天（持国天、広目天）が兵庫県、伊丹市の重要有形文化財の指定を受け、開創以来秘仏とされてきた薬師如来は今では参拝者の前にその姿をあらわしている。

☎072-781-6015　兵庫県伊丹市寺本2-169
https://yakushi49.com/19koyadera/

● 基本情報

8:00～17:00
¥ 無料　休 なし
P あり（無料、門前と境内に駐車可）
WC あり　食 なし　宿 なし　WiFi なし

● おすすめ撮影スポット

山門前

● 主な行事

行基祭り	4月2日
十二薬師法要	12月12日

● アクセス

車 阪神高速道路「豊中IC」より15分、中国自動車道「宝塚IC」より20分

他 阪急電車神戸線「伊丹・武庫之荘」駅下車、バスで15分 昆陽の里すぐ。JR「伊丹」駅よりバス 昆陽の里 徒歩5分

● 境内図

（■お薬師様　★納経所　トイレ　P駐車場）

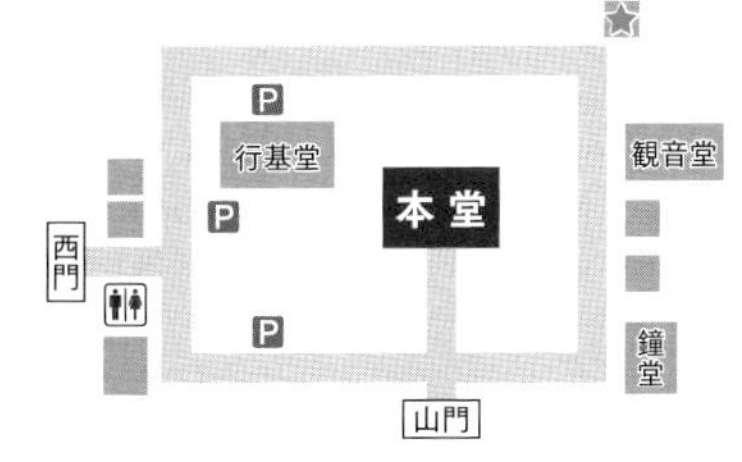

第20番

高野山真言宗

東光寺（とうこうじ）

「門戸厄神」さん、で親しまれる

東光寺といっても、その寺を分かる人は少ない。「門戸厄神（もんどやくじん）」といえば、「あー、あの厄除けの」と、関西のみならず広く知られ、阪急電鉄の駅名「門戸厄神駅」にもなっている。

その「門戸厄神駅」から北西の方向に七百メートルほど歩くと寺に着く。正門の下には四十二段の階段、さらに中楼門の下に三十三段の階段がある。男女の厄年にちなんで、四十二段を「男厄坂」、三十三段を「女厄坂」と呼ぶ。長い人生に訪れる心身など様々な厄を、一段一段上りながら落とすのだという。元旦や一月十八、十九日の厄除大祭には、駅から寺までの参道には多くの露店が並び、十万人を超える厄除けの善男善女であふれる。

寺は六甲山系の高台にあり、東方浄土から光が当たる寺として、東光寺の名がついたといわれ、遠くは大阪・梅田、伊丹空港などが望める。

境内の薬師堂には本尊の薬師如来像、厄神堂には厄神明王が祀られている。この厄神明王について、松田全弘副住職は「嵯峨天皇の勅を受け、弘法大師が国家安泰、皇室安泰、民衆厄除けを願って、三体の厄神明王を刻まれました。国家安泰の一体は高野山の天野明神へ、皇室安泰の一体は山城の男山八幡宮、そして東光寺には民衆厄除けの一体

が納められたのです」と説明してくれた。以来、東光寺は人々の厄除け祈願の寺として親しまれるようになった。

境内を回るうち、多くの人形やぬいぐるみが収まった一角が目についた。五十年ほど前から人々が古くなった人形を寺に納めるようになった。今では十一月十九日を人形供養の日として、十数名の僧侶が持ち込まれた人形の供養を営んでいる。人形供養もいまでは大きな年間行事として定着しているようだ。

☎0798-51-0268　兵庫県西宮市門戸西町2-26
https://yakushi49.com/20tokoji/

● 基本情報

🕓6:00〜18:00
¥無料　休なし　Pあり（無料）
WCあり（車いす可）　🍴なし　宿なし　WiFiなし

● 門前情報

車いす用トイレ、授乳室、おむつ替え台あり

● おすすめ撮影スポット

中桜門、大提灯下

● 主な行事

厄除大祭　1月18日・19日
十三詣り　4月13日
七五三　11月15日
人形供養　11月19日
フリーマーケットであい市門戸厄神

● アクセス

🚗阪神高速神戸線「武庫川IC」より所要20分・中国自動車道「宝塚IC」所要20分

他 阪急電車今津線「門戸厄神」駅下車 徒歩10分

● 境内図

（■お薬師様 ★納経所 🚻トイレ P駐車場）

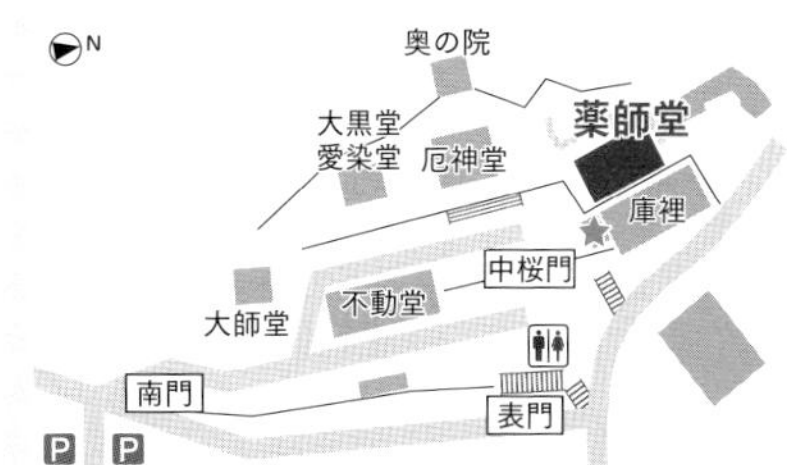

真言宗

花山院菩提寺

かざんいんぼだいじ

法皇めぐる哀史、今に

正式な名前は菩提寺。文字通り花山法皇の菩提を弔う寺院だが、通称名の花山院のほうがよく知られている。

開基はインドの法道仙人で、薬師如来の化身とされる牛頭天王と共に雲に乗って渡ってきたと伝えられ、薬師如来の威光で諸病悉除の霊験を示すのに最適の場所として選ばれたのが当山だった。

後に、西国三十三所観音霊場の中興の祖で、巡礼の開祖と仰がれる花山法皇が入山される。霊場中興の旅の途中、山の霊気を強く感じ、霊場再興を成し遂げると、隠棲できる場所としてこの山を選ばれた。

それから五年、仏道修行に専念されるなか、四十一歳の若さで崩御された。その後、源頼光の寄進により伽藍堂塔が整えられた。

花山院菩提寺は、標高四百メートルの東光山山頂にある。山門をくぐると、右手に見えるのが薬師堂。本尊・薬師如来、両脇に日光、月光菩薩と十二神像が安置され、御前の護摩壇では諸病悉除を願い護摩祈祷が行われる。

薬師堂の隣にある本堂(花山法皇殿)には、本尊・十一面観音菩薩立像、そして花山法皇坐像がまつられている。

『大鏡』にも登場する花山法皇は、悲運の法皇と呼ばれる。十七歳で即位されたものの、愛する妃、弘徽殿女御が皇子を身ごもったまま急逝。悲嘆にくれるなか、藤原兼家、道兼父子の陰謀によって退位、出家したと伝わる。わずか二年の在位だった。

当地には、法皇の徳を慕

い女官十一人も同行したが、女人禁制のため、麓の庵で尼僧となって過ごした。麓の村は「尼寺村（にんじむら）」と呼ばれ、女官たちと弘徽殿女御の冥福を祈る「十二尼妃の墓」がある。法皇を想って弾いたといわれる「琴弾坂」もあり、法皇をめぐる哀史を今に伝えている。

法皇が御詠歌に詠んだ山頂からの眺望も昔のままで、有馬富士や遠くには小豆島も見える。

住職は「巡礼は道中も大切です。そして当山に来られると、外とは違う〝気〟を感じていただき、身も心も癒やしていただきたい」と願う。

☎ **079-566-0125**　兵庫県三田市尼寺352
https://yakushi49.com/21kazaninbodaiji/

● 基本情報

🕓8:00〜17:00（入山は16:30まで）
¥無料　休なし
Pあり（有料）　WCあり　🍴なし
宿あり（但し15名以上から）　WiFiなし

● 門前情報

麓にそば屋　温泉と軽食あり

● おすすめ撮影スポット

展望台からの眺望　中門から境内を望む

● 主な行事

修正会	1月1日
花祭り	5月8日
盆供養会	8月15日
法話と写経会	毎月第一土曜日

● アクセス

🚗中国自動車道「神戸三田IC」から約25分
他JR福知山線「三田」駅北口から神姫バス24系統にて約20分「花山院」下車、山道徒歩25分 ※「三田」駅からタクシーを利用すると山上まで約20分

● 境内図

（■お薬師様 ★納経所 🚻トイレ P駐車場）

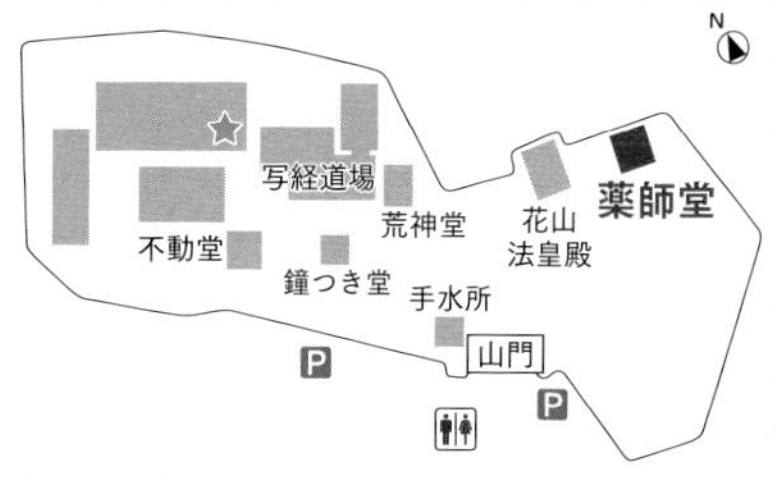

第22番

天台宗 鶴林寺（かくりんじ）

大寺の風格、播磨の法隆寺

楼門形式の重厚な門をくぐると、広い境内にまず驚かされる。そして建ち並ぶ堂塔。

和様・大仏様・禅宗様の折衷様建築の代表とされる本堂。檜皮葺きの屋根が美しい太子堂。二棟の国宝をはじめ、重文の常行堂、鐘楼、行者堂など十数棟、「播磨の法隆寺」と称されるのもうなずける。

寺伝によると、その歴史は五八七年までさかのぼる。高麗の高僧恵便法師が物部氏ら排仏派の迫害を逃れて播磨の地に身を隠している、と聞いた聖徳太子は、法師の教えを受けるためこの地を訪れ、精舎を建てたのが始まりとされる。

武蔵国の大目（だいさかん）（＝国司の役職の一つ）身人部春則（むとべはるのり）が太子の遺徳を顕彰するため七堂伽藍を建立。九世紀に慈覚大師円仁が薬師如来を彫って国家安泰を祈願し、以後天台宗になった。鳥羽天皇の勅額を得て寺名を鶴林寺と改め、鎌倉、室町時代には寺領二万五千石の大寺として繁栄したといわれる。

江戸時代に入り、厳しい宗教政策などによって衰微したとはいえ、大寺の風格を今も保っている

本堂の本尊、重文の薬師三尊像と二天像は、六十年に一度ご開帳の秘仏で、次は二〇五七年という。

太子堂は内部の壁画にも注目したい。四十年ほど前、先代住職が赤外線写真で涅槃図や九品来迎図を確認、宝物館に極彩色の壁画を復元した須弥壇を立体的に再現している。

宝物館では重文の聖観音像も見逃せない。腰を右に少しひねり、すらりとした

立ち姿…白鳳仏の傑作とされる。その昔、観音像を盗みだした泥棒が、金だと思い溶かそうとしたが溶けない。腹を立て、腰のあたりを槌でたたくと「あいたっ」という観音像の声に驚き、像を返して改心したという伝説がある。

その「あいたた観音」が実際に盗難にあったという話や、新薬師堂の「ウインクする仏像」など話題は尽きない。文化財の宝庫で、春の太子会式には露店が並び、参拝者でにぎわう。

「太子は、仏教はもとより、日本の礎を築かれた」という茂渡俊慶住職は「このことを今一度、多くの人に知っていただきたい」と願う。

☎079-454-7053 兵庫県加古川市加古川町北在家424
https://yakushi49.com/22kakurinji/

● 基本情報

9:00〜16:30

¥ **入山料** 大人500円、小・中学生200円、**宝物館入館料** 大人500円小・中学生200円 但し入山と宝物館とのセット割引で大人800円、団（30人以上）1割引、身障者は介添1名と共に無料　休 なし　P あり（無料）　WC あり（車いす可）　食 なし　宿 なし　WiFi なし

● 門前情報

食事施設あり、境内の周囲は鶴林寺公園

● おすすめ撮影スポット

本堂前、鐘楼北

● 主な行事

修正会	1月8日	**太子会式**	3月下旬
花祭り	5月8日	**七夕**	7月7日
観月会	旧暦十三夜		

● アクセス

車 加古川バイパス「加古川IC」から南へ13分。山陽自動車道「三木小野IC」から南へ30分

他 JR神戸線「加古川」駅より かこバス「鶴林寺」下車徒歩1分

● 境内図

（■お薬師様 ★納経所 トイレ P 駐車場）

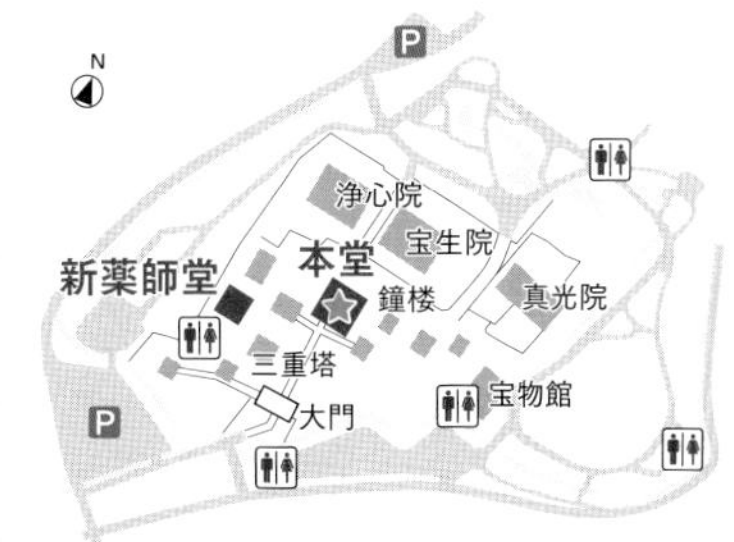

天台宗

斑鳩寺（いかるがでら）

太子がつなぐ 法隆寺との縁

静かな住宅地の細道を抜けると、仁王門の甍（いらか）が目に入ってくる。軒の出が大きく、どっしりとして、「いかるがのお太子さん」の名にふさわしい門構えだ。

日本書紀によると、推古天皇十四（六〇六）年、聖徳太子は、天皇に勝鬘経（しょうまんぎょう）・法華経を講じられ、大いに喜んだ天皇から播磨国の水田百町を賜り、それを法隆寺に寄進した。太子は、この地を「鵤荘（いかるがのしょう）」と名付けたとされる。

太閤検地まで約千年にわたって法隆寺を経済的に支え、播磨の地を治めるために太子が建立したのが斑鳩寺と伝えられている。

瓦葺きの堂塔が建ち並び、壮麗を極めたが、戦国時代の天文十（一五四一）年、争乱を逃れ同寺へ避難してきた人たちの小屋から出火し、堂塔はすべて焼失。当山中興・昌仙法師などの努力で復興が進み、再建後、法隆寺の支院から天台宗になったという。

仁王門の正面に立つのが講堂で、向かって右から薬師如来、釈迦如来、如意輪観音の三体の坐像が本尊としてまつられている。丈六（約四・八メートル）の像で、座っているため半分とはいえ三メートル近くもある。いずれも重文の秘仏で、毎年二月二十二日と二十三日の聖徳太子春会式にご開帳される。

境内右手にある重文の三重塔は永禄八（一五六五）年の再建。バランスのとれた端正な塔で、復古調の味わ

いがある。
　左手、聖徳殿の本尊「聖徳太子十六歳孝養像」は、重病の父用明天皇のために七日七夜の間断食して「常行三昧（じょうぎょうざんまい）」という行法によって快復を祈った時のものとされる。「植髪（うえがみ）の太子」ともいわれ、自作の像に自らの髪を切って植えられたとの伝承があり、火災の時も持ち出され、無事だったという。

法隆寺の夢殿を思わせる八角円堂の奥殿は、太子信仰でつながる法隆寺との深い関係をうかがわせている。
　重文の勝鬘経御講讃図をはじめ寺宝も多い。大谷康文住職は「春会式は少し寂しくなりましたが、太子と共に、そして地域に開かれた寺として歩んでいきたい」と話す。

☎079-276-0022　兵庫県揖保郡太子町鵤709番地
https://yakushi49.com/23ikarugadera/

●基本情報

9:00～17:00（入山は16:30まで）
¥500円（10名以上350円）
休なし　Pあり　WCあり（車いす可）
食なし　宿なし　WiFiなし

●主な行事

大般若転読会	2月7日
聖徳太子春会式	2月22日～23日
彼岸会	3月22日
夏会式（施餓鬼）	8月22日
天台大師講	12月16日

●アクセス

車 山陽自動車道「龍野IC」より10分
他 JR「網干」駅よりバス10分「鵤」下車7分

●境内図

（■お薬師様　★納経所　トイレ　P駐車場）

天台宗

神積寺（じんしゃくじ）

田原の文殊さんで　愛される

「瑠璃光の　慈悲の御念を　求めつつ　文殊の御山に　梵音絶えじ」（ご詠歌）

開基は、比叡山延暦寺の第十八代座主・慈恵大師の高弟慶芳上人。上人が諸国を巡錫行脚の途中の正暦二（九九一）年、ここ田原の地で文殊菩薩さまのお告げをお聞きになる。「この地の東の山根は聖地です。だから仏法興隆のため薬師如来を祀り、衆生を済度しなさい」と。慶芳上人はこれを聞いて寺を建てたのが始まりと寺伝にいう。そして一条天皇（九八七～一〇一一）の勅願寺院となり西山を開き、上人ご自身がお彫りになったという薬師如来、文殊菩薩、毘沙門天の三体を祀った。こうした言い伝えや八百年前の鎌倉時代初期より今も続く本尊の薬師如来が山の神になる「追儺（ついな）式」が知られ「田原の郷の文殊さん」として土地の人に愛されている。

寺は一条天皇に次いで、三条天皇の勅願寺院にもなり、上人の弟子・三条天皇の第七皇子の覺照阿闍梨には土佐讃岐などからの貢穀もあり、七堂伽藍、堂塔五十二院を数える大きな寺として発展、隆盛を極めた。また、続く近衛天皇の力添えもあって播磨天台六山の一つに数えられた。

しかし、延慶二（一三〇九）年の火災で寺の堂塔をことごとく焼失。現在の建物は天正十五（一五八七）年二月、有馬法印の寄進によって改築、再建された。

今は本堂北の建物・開山堂内に秘仏として安置され

ているご本尊の薬師如来は、藤原時代の代表的な坐像で、国指定の重要文化財（高さは八十八・五センチ）になる。平安時代末期の仏像の特色をよく表しており、優雅で豊満なお姿は「藤原仏」ともいわれる。

ご本尊は文殊菩薩、毘沙門天ともども秘仏として本堂北の開山堂に安置され、一般に公開されるのは六十年に一度。新しいところでは四年前の平成二十七年十一月二十八日に開帳された。お薬師さんを一度拝ませていただこうと、地元をはじめ関西を中心に全国から多くの信者さんがこの寺を訪れたという。

☎0790-22-0339　兵庫県神崎郡福崎町東田原1891
https://yakushi49.com/24jinshakuji/

● 基本情報

🕓8:30〜16:30頃まで
¥ 無料　休 なし　P あり（無料）　WC あり
🍴 なし　宿 あり（お寺のすぐ近く文珠荘あり ☎0790-22-4051）　WiFi なし

● 主な行事

追儺式（鬼追式）	1月（成人の日）
文殊会式	3月（春分の日）
花まつり	5月8日

● アクセス

🚗 中国自動車道「福崎IC」下車、播但連絡道に入り「福崎北ランプ」下車3分

他 JR「姫路」駅より播但線「福崎」駅下車、東へ3キロ、タクシー利用10分、徒歩30〜40分

● 境内図

（■お薬師様　★納経所　🚻トイレ　P駐車場）

第25番 曹洞宗 達身寺（たっしんじ）

謎秘めた木彫仏の原郷

平安～鎌倉期の木造仏が八十躯余り。うち重文が十二躯、兵庫県指定が三十四躯あるほか、三十三躯と破片百三十四点が丹波市指定文化財という。

石段上の茅葺き屋根の風情ある建物が本堂。元禄八（一六九五）年の再建で、「木彫仏像の原郷」と呼ばれるにふさわしい。

上下二つの宝物殿のうち、上には重文と県指定の仏像二十三躯を安置。目を引くのは本尊・阿弥陀如来坐像と左脇侍の十一面観音坐像、右脇侍の薬師如来坐像で、鎌倉初期の制作。像高二・三メートルの阿弥陀如来をはじめ、いずれも見上げるばかりの大きさで、金箔と漆塗りの荘厳な姿に圧倒される。

対照的なのが本堂に近い下の宝物殿だ。一木造りの仏像が多数並べられているが、いずれも損傷や風化が進み、なんとも痛ましい。背景には達身寺の歴史と木造仏の二つの謎がある。

正徳二（一七一二）年、円通寺二十五世大庵清鑑（だいあんせいかん）和尚を開山とするが、寺伝では行基菩薩によって開かれたとされる。戦国時代には大寺院になったが、明智光秀の丹波攻めで焼き討ちに遭い、仏像を近くの谷に持ち出したものの、そのまま放置された。

江戸初期に疫病がはやり、占いで仏像を放置したための仏罰と言われた村人たちは仏像を集め、山中の達身（たるみ）堂を現在地に移し、仏像を安置したと伝えられるが、裏付ける資料はない。

仏像についても、本尊になるような仏像が多数ある。一寺に一仏あればよい

とされる兜跋毘沙門天が十六躯もある。未完成の仏像がある―など謎に満ちている。

これに対し、達身寺は仏師の工房・養成所だったとする説を郷土史家が打ち出し、「丹波講師快慶」と記された古文書の存在などから、快慶は達身寺から出た仏師の可能性もあるとした。

「工房とすれば謎のいくつかは説明がつきます。でも実証する古文書などはありません。仏様だけがご存じですが、何も語ってはくれません」と渡辺健臣住職。謎は依然、謎のままだが「達身寺と仏様が地域に守られ、支えられてきたことは間違いありません」と話す。

☎0795-82-0762 兵庫県丹波市氷上町清住259
https://yakushi49.com/25tasshinji/

● 基本情報

🕓9:00～16:00
¥高校生以上（中学生以下無料）個人400円、団体（20名以上）1人300円
休なし　Pあり（無料）　WCあり
🍴なし　宿なし　WiFiなし

● 門前情報

駐車場の公衆トイレには、車椅子可能も有

● おすすめ撮影スポット

春の水仙、夏のハス、秋の紅葉・近くに800m春はカタクリ群生、秋はコスモス

● 主な行事

毘沙門祭り 1月3日 6:00～14:00

● アクセス

🚗北近畿豊岡自動車道「氷上IC」下車約9km（約15分）
他JR福知山線「石生」駅下車タクシー15分

● 境内図

（■お薬師様 ★納経所 🚻トイレ P駐車場）

臨済宗南禅寺派

長安寺
ちょうあんじ

戦火に耐え　衆生を加護

寺伝によると、聖徳太子の異母弟の麻呂子親王が、勅命によって丹波の国大江山に住む鬼の征伐に向かう途中、勝利を祈願して薬師如来像七体を彫り、一体がこの地にまつられたのが始まりという。

平安時代の初めには大伽藍を有して栄えたが、火災や戦乱などで焼失、再建を繰り返す。戦国時代になり、明智光秀の後に福知山城主となった杉原家次の帰依により、眼光恵透禅師が入山。諸堂伽藍を再建し、山号を医王山と改めるなど、それより七十年前の悦堂禅師に続き、再々創建された。

長安寺では、創建開山を悦堂禅師、開山を恵透禅師、開基を杉原家次公としているのはそのためだ。

「丹波のもみじ寺」と呼ばれるように、晩秋の境内は真っ赤な紅葉と諸堂の甍が鮮やかなコントラストを描く。

山門をくぐると、左手にあるのが文化九（一八一二）年再建の薬師堂だ。厨子内に安置されている薬師如来立像は、三十三年ごとに開帳される秘仏で、本尊の前立仏となっている薬師如来坐像の胎内仏だったともいわれている。

度重なる被災にも持ち出されたのか、薬師如来は安泰で、今なお衆生に加護を与えているという。

見上げると天井には色鮮やかな雲龍図。それが絵ではなく、丹波・丹後を中心に彫物師として活躍した中井権次一統の五代正忠の彫刻として知らされ、二度驚かされた。

本堂（大方丈）は、その右手にあり、天明四（一七

八四）年の再建。
長安寺の本尊・釈迦如来と、城主杉原公の念持仏である地蔵菩薩が安置されている。
開山堂や太子堂、鐘楼などに加え、「薬師三尊四十九燈の庭」は、すっきりした枯山水庭園で心が落ち着く。樹齢約六百年の「授乳のイチョウ」のほか、近くには長安寺公園もあり、豊かな自然と、四季折々の風情を求めて多くの参拝者が訪れる。
正木義昭住職は「先人の努力で、度重なる火災を乗り越え、今に至っています。災害が続く昨今ですが、お薬師さまとともに平穏な世の中であるようお祈りしたい」と話す。

☎0773-22-8768 京都府福知山市奥野部577
https://yakushi49.com/26choanji/

基本情報

9:00〜16:30
¥ 大人300円、中高生100円、小学生以下は無料
休 なし　P あり（無料）　WC あり（車いす可）
食 なし　宿 なし　WiFi あり

おすすめ撮影スポット

本堂前の庭園

主な行事

初薬師大祭　1月8日
もみじ祭り　11月第二日曜

アクセス

車 舞鶴若狭自動車道「福知山IC」より15分
他 JR「福知山」駅より奥榎原・小牧行バスで「半田」下車徒歩40分

境内図

（■お薬師様　★納経所　トイレ　P駐車場）

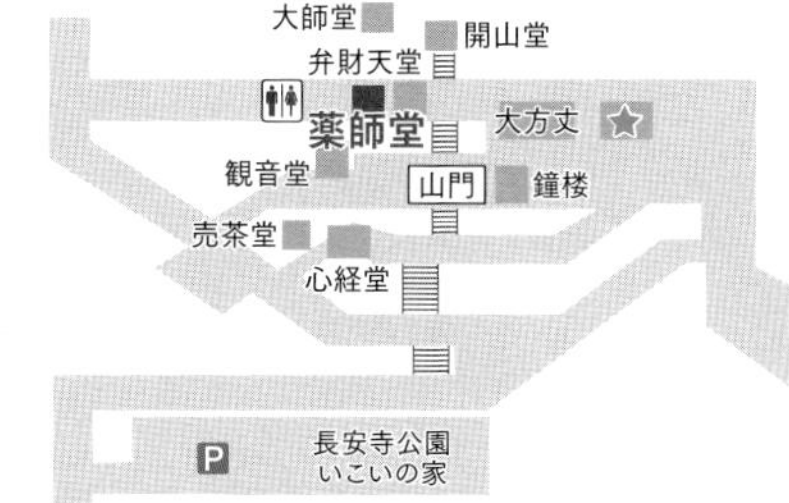

臨済宗妙心寺派

天寧寺

てんねいじ

留学僧・開山の思い今に

開山、愚中周及は十九歳の時、室町幕府公認の貿易船・天龍寺船で元に渡った留学僧だった。江南紫金山の高僧、即休契了のもとで修業し、即休の法嗣（師の法を継いだ弟子）となって帰国。貞治四（一三六五）年、丹波の地頭金山宗泰に招かれ、開山となった。

愚中が、かつての恩師夢窓疎石の頼みを振り切り、修行の旅に出て、この地にとどまることになった背景には、当時隆盛を極めた京都五山の禅風への批判、反骨精神があったとされる。

福知山の市街地を抜け、北へ八キロほどの山間に天寧寺はある。山門をくぐると、方丈（本堂）、薬師堂、開山堂、研修道場（禅堂）などが整然と配置されている。

足利四代将軍義持が帰依し、大寺院となったことは広い境内や山門にかかる義持の額によってしのばれる。その後、金山氏が没落、天寧寺も衰微していくが、江戸時代初めに妙心寺派に属し、再興される。

正面奥に建つ薬師堂は、寛政六（一七九四）年の再建。こけら葺きの凛としたたずまいに心が引き締まる。本尊の秘仏、薬師如来坐像と日光・月光菩薩、十二神像が安置されている。

中国様式の文化財が多数残されていることでも知られる。師の頂相（肖像画）である重文・絹本著色即休契了像には「わが教えを理解したものは広い中国には一人もいない、日本から来た愚中ただ一人である」との即休の自賛があり、これ

に応じ愚中は絵の最下部に「この頂相は永く天寧寺に伝え残せ」と記している。

重文・絹本著色十六羅漢像は、中国羅漢画として著名な李龍眠様式の画風。払子、雲版、唐盤など元から持ち帰ったと伝わる仏具も数多くある。

留学の地にちなんで山号を紫金山とし、近くの小川を揚子江と呼び、修行と庶民の教化に専念したという愚中。「その教えに従って天寧寺を守ってきた代々の住職や地域の方々の思いを受け止め、引き継いでいきたい」と石角周禅住職は語る。

研修道場での坐禅会も含め、今は自然の中で自己を見つめ直す場として親しまれている。

☎0773-33-3448　京都府福知山市字大呂1474
https://yakushi49.com/27tenneiji/

● 基本情報

🕓8:00～17:00（冬季11月～3月 9:00～16:00）
¥個人 無料、団体300円
休なし　Pあり（無料）　WCあり
食なし　宿なし　WiFiなし

● 門前情報

大呂ガーデンテラス　大型車駐車可能
要予約 ☎0773-33-2041

● おすすめ撮影スポット

自然林を背景とした薬師堂

● 主な行事

開山忌　8月25日

● アクセス

車 舞鶴若狭自動車道「福知山IC」より所要25分。京都縦貫自動車道「舞鶴大江IC」より所要22分

他 京都丹後鉄道宮福線「下天津駅」下車、徒歩35分（距離2.6キロ）

● 境内図

（■お薬師様　★納経所　トイレ　P駐車場）

第28番

大乗寺

高野山真言宗

だいじょうじ

応挙が統括、立体曼荼羅

香住町、美方町と合併し香美町に町名が変わったが、香住は豊かな自然や冬場のマツバガニをはじめとする海の幸に恵まれ、都市部からの観光客でにぎわう。

香住港から少し内陸に入ったところ、石段を上り山門をくぐると、ぱっと目に飛び込んでくるのが客殿。江戸中期、寛政年間の再建で、唐破風の屋根が美しい。

「応挙寺」の名で知られるように、独自の写生画を創出し、円山派の祖となった円山応挙と呉春など十二人の弟子の障壁画が、ここを荘厳している。客殿が本堂より大きく、目立つのはそのせいかもしれない。

大乗寺は天平十七（七四五）年、行基によって開創されたと伝えられる。平安期の木彫仏八体が現存し、その一体から永長二（一〇九七）年の墨書が見つかっているが、それ以降、長期にわたり記録は残っていない。天明から寛政年間にかけ、当時の住職密蔵上人と弟子の密英上人によって客殿が再建され、現在の姿になったという。

応挙との縁ができたのもこの時期だ。密蔵上人は無名で貧しかったころの応挙に絵師としての才能を見いだし、学費を援助。それをもとに応挙は修業し、絵師として名をなした。密英上人が上洛し、襖絵の制作を依頼すると、応挙は恩返しとして描いたとされる。

客殿の十三室に収められている障壁画百六十五面すべてが重文で、仏間の十一面観音（重文）を中心に立体曼荼羅を具現していると

いう。各部屋にテーマを持たせ、画題を決め、弟子を割り振ったのは応挙で、山岨眞應副住職は「空間芸術家として再評価されています。部屋と障壁画が織りなす仏様の世界を感じてほしい」という。襖絵保存プロジェクトにより、応挙筆の襖絵はデジタル再製画で再現されている。

客殿左手奥の建物が薬師堂で、薬師如来坐像がまつられている。仏師智円作で藤原彫刻の優品とされる。本堂には、行基作と伝えられる同寺本尊の聖観音重文二体(密仏)も安置されている。併せてお参りしたい。

☎0796-36-0602 兵庫県美方郡香美町香住区森860
https://yakushi49.com/28daijoji/

● 基本情報

🕓9:00〜16:00(入館は15:40まで)
¥大人800円(30人以上割引あり)、小学生500円
休8月6日午後、8月7日、春の彼岸の1日、12月31日、1月1日は拝観不可
P あり(無料)　WC あり(車いす可)
食 なし　宿 なし　WiFi あり

● 門前情報

車いす用トイレあり

● 主な行事

花まつり　4月
施餓鬼法会　8月

● アクセス

車 北近畿豊岡自動車道「日高神鍋高原IC」より50分
他 JR山陰線「香住」駅下車、徒歩20分

● 境内図

(■お薬師様 ★納経所 🚻トイレ P駐車場)

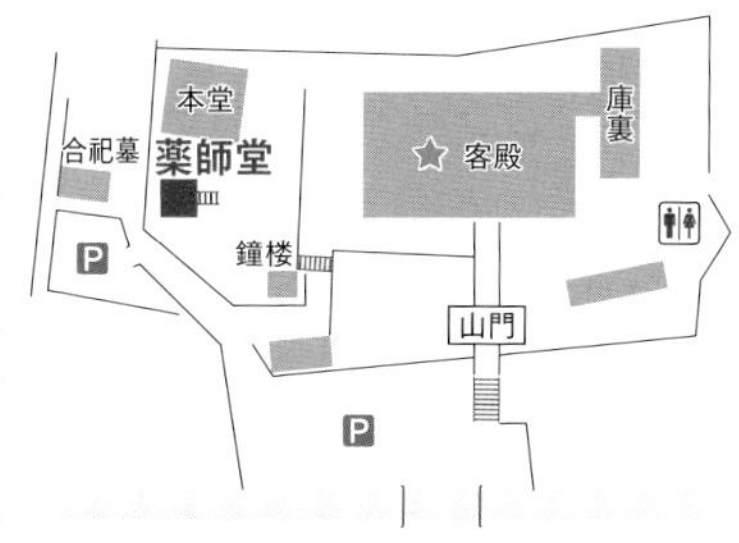

第29番 高野山真言宗 温泉寺（おんせんじ）

温泉と湯治客 守る二つの本尊

温泉街の奥まったところに山門が見える。二層の門をくぐると左手にあるのが薬師堂で、入湯客を守護する本尊・薬師如来と日天、月天の脇侍、十二神将がまつられている。

温泉寺は、名湯城崎温泉を開いた道智上人が天平十（七二八）年に開創したとされる。

衆生済度の大願を発して諸国をめぐっていた道智上人は、城崎に入ると四所明神の神託により千日間、修行。その功徳で温泉が湧出したと伝わる。

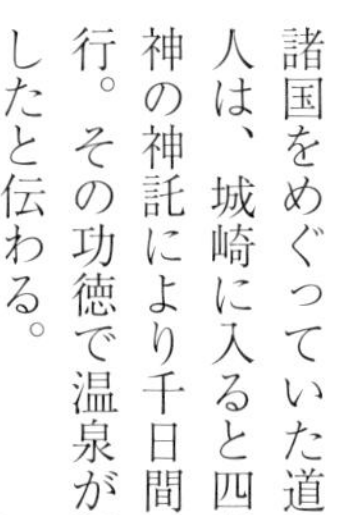

「縁起」には、仏師稽文（けいもん）との不思議な縁も記されている。稽文は長谷寺の十一面観音像と同じ木から、もう一体観音像を造ろうとしたが病にかかり、像は未完のまま長谷寺近くの寺に安置された。疫病が流行すると観音の祟りとして海に投じられたが、城崎の河口近くに漂着した。

城崎で湯治中に、この像と出合った稽文は、仏縁を感じて完成させ、道智上人に託す。その後、道智上人は現在の地に伽藍を建立する。このことが天聴に達し、聖武天皇から末代山温泉寺の勅号を賜ったという。

温泉の多くには薬師如来がまつられているが、温泉寺では、この十一面観音像が城崎温泉守護の観音様として信仰を集めており、中興の祖・清禅法印が造営した重文・本堂に同寺本尊として安置されている。

三十三年目ごとに開帳される重文の秘仏で、平成三十年四月から三年間、開帳されている。なた彫りで、力強さとともに包み込むよ

うな優しさがある。

本堂は和様、唐様、天竺（てんじく）様の折衷様式の建築。薬師堂から石段を上がると十分ほどかかるが、大師山頂までのロープウェイだと途中の温泉寺駅のすぐ前にある。

かつて、城崎を訪れた湯治客は本堂と薬師堂にお参りし、本堂で湯酌を授かってからお湯につかったという。小川祐章住職は「昔から病気やけがが治ったという話は数え切れません。温泉の効能に加え、温泉の守護である十一面観音と湯客を守護する薬師如来のご加護なのでしょう」と笑顔をみせた。

本坊の重文・千手観音像や多宝塔、ロープウェイからの眺望など見どころも多い。

☎0796-32-2669　兵庫県豊岡市城崎町湯島985-2
https://yakushi49.com/29onsenji/

● 基本情報

4月～9月末 8:30～17:00、10月～3月末 9:00～16:30

¥ 無料　休 なし　P なし　WC あり

食 なし　宿 なし　WiFi なし

● 門前情報

駐車場等近隣にあります

● おすすめ撮影スポット

薬師堂、本堂、山頂からの眺め

● 主な行事

薬師まつり	7月8日
行者まつり	8月5日
開山忌（温泉まつり）	4月23日・24日

● アクセス

車 北近畿豊岡自動車道「日高神鍋高原IC」より40分

他 JR山陰本線「城崎温泉」駅下車、徒歩15分

● 境内図

（■お薬師様　★納経所　トイレ　P駐車場）

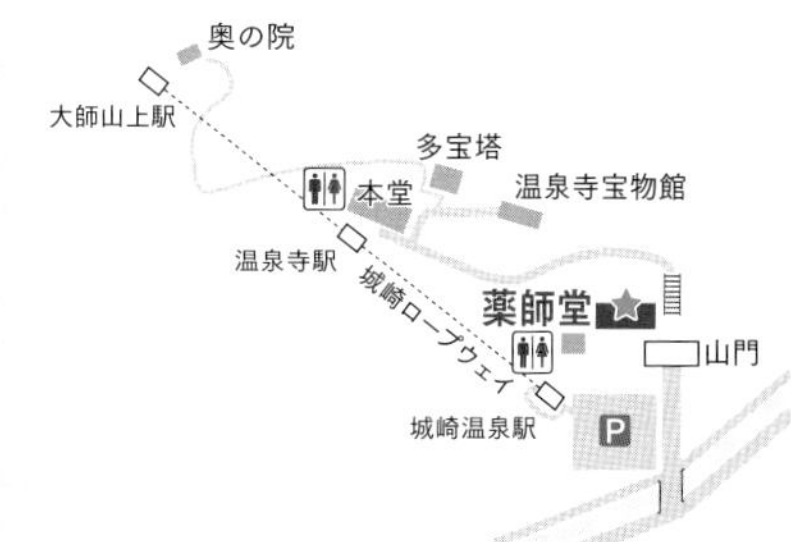

真言宗東寺派

多禰寺（たねじ）

目と耳に ご利益の仏様

東舞鶴を北上、引揚記念館に向かうトンネルの入り口手前と、出口すぐのところに左折する二本の道。曲がりくねった坂道を上ると、いずれも多禰山の中腹、標高約三百メートルにある多禰寺に行き着く。

眼下には、二羽のツルをイメージした優雅なクレインブリッジをはじめ、美しい舞鶴湾の景色が広がる。

多禰寺は、寺伝では飛鳥時代に聖徳太子の異母弟、麻呂子親王によって開創されたという。江戸時代の「多禰寺縁起」などによれば、父用明天皇の命を受けた親王は、丹後の庶民を苦しめていた鬼賊を「七仏薬師」の力で討ち、その加護に報いるため丹後の国に七カ所の寺を建て、七仏薬師を安置したとされる。

その中で、親王の護持仏だった薬師瑠璃光如来を本尊としたのが多禰寺という。平安時代には七堂伽藍が立ち並び栄えたというが、鎌倉・室町時代の戦乱で崩壊。かつての壮観さとは比べようがないものの、七仏薬師の信仰は厚く、今も目と耳にご利益のある仏として敬われ、慕われている。

文政七（一八二四）年に再建の本堂に本尊・薬師如来坐像が安置されており、両脇には日光・月光菩薩と十二神将、不動明王と毘沙門天がまつられている。秘仏の薬師如来は逗子の中に収められているが、特別な法要の時のみ開帳される。

山門にはかつて、重文の金剛力士像が安置されていたが、今は宝物殿に移されている。鎌倉期の慶派の作とされ、像高約三・六メー

トル、躍動感あふれる姿に圧倒される。東大寺南大門、京都・清水寺仁王門の仁王像に次ぎ、日本で三番目の大きさという。

普賢菩薩騎象像や聖観音菩薩立像など平安・鎌倉期以降の文化財も多い。本堂では創建時のものとされる「はぎの柱」や、丹波・丹後を中心に彫物師として活躍した中井権次一統の六代目正貞作の龍や象の彫刻も見逃さないようにしたい。

松尾義空住職は「お参りされる、できるだけ多くの方とお話をしたい。その中で仏教や多禰寺についてのご理解を深めていただければ」と願う。

☎0773-68-0026 京都府舞鶴市多祢寺346番地
https://yakushi49.com/30taneji/

● 基本情報

🕓9:00～17:00（4月～10月）、9:00～16:00（11月～3月）

¥300円、仁王殿 500円

休 不定休（特に悪天候時）　P あり（無料）

WC あり　🍴なし　宿 なし　WiFi なし

● おすすめ撮影スポット

駐車場からの舞鶴湾を望む風景

● 主な行事

施餓鬼会 8月16日

人生相談（完全予約制）

● アクセス

🚗舞鶴若狭自動車道「舞鶴東IC」より30分

他「東舞鶴」駅より観光タクシー（舞鶴トラベル ☎0773-62-2662）

● 境内図

（■お薬師様 ★納経所 🚻トイレ P駐車場）

真言宗 豊山派 総持寺（そうじじ）

頭のお薬師さんは ぼたん寺

天平十三年（七四一）に聖武天皇が、仏教による国家鎮護のため各地に国分寺を創った時に、総持寺はその試し寺として聖武天皇の勅命により行基が開いたのが始まりである。

室町時代中期に実済法印が後花園天皇の勅願と、足利義教公から六百石の朱印を賜って七堂伽藍を建立するなど寺を中興し、以後、地元の京極家や浅井家のご加護もあって、寺は大いに繁栄した。ところが、元亀元（一五七〇）年の姉川の合戦の際に織田信長の兵火に遭い、諸堂伽藍はことごとく灰塵に帰す。その後、豊臣秀吉の百二十石の寺領寄進で復興を成し遂げ、のち徳川綱吉公も帰依した。

道路に面する入り口には、人目を奪う桃山様式の三間一戸の八脚門、寛永十二年（一六三五）に建立された仁王門が堂々と立つ。左右の仁王像は京仏師の高野左京の作と伝えられ、カッと見開いた大きな目は、拝む人の心の底までお見通しのようである。仁王像の眼差しを背中に感じつつ、仁王門をくぐり石畳を進むと「西国薬師霊場三十一番札所」の看板が掛かる門、それを過ぎるとすぐ境内が広がる。

東側の本堂にはご本尊の薬師如来をはじめ、平安後期寄せ木造りの聖観音（重文）、十一面千手観音（長浜市文化財）などがお祀りされている。本尊の薬師如来は天正十一年（一五八三）の賤ヶ岳の戦いでケガをした永沢四郎衛門が、仏さまのご加護に感謝して菅山寺に奉納した尊像を、井

伊直興公が須弥壇と厨子を寄進してこの寺に勧請したのだという。

この像は「頭」の部分は平安時代に、「体」の部分は江戸時代にそれぞれ大きな手術（修復）を施されており、古くから手術のお薬師さん、頭のお薬師さんとして霊験あらたかといい、身体の癒しのみならず、心の癒しを授けていただける仏さまとしても信仰が厚い。

また、境内一面に広がる庭園には七十種七百株のぼたん、シャクヤクがあり、季節を迎えると本堂に彩を添える。本堂北には、寺の近くで生まれた小堀遠州の作庭と伝わる池泉回遊式の中庭があり、滋賀県の名勝に指定されている。

☎0749-62-2543　滋賀県長浜市宮司町708
https://yakushi49.com/31sojiji/

● 基本情報

9:00〜16:30（堂内及び庭園拝観は要予約）

¥ **堂内及び名勝庭園（要予約）**500円、**牡丹開花時 入山料** 大人400円・小学生200円・未就学児無料

休 法要中などは拝観不可　P あり（無料）

WC あり　食 なし　宿 なし　WiFi なし

● おすすめ撮影スポット

牡丹開花時の境内、松梅の木

● 主な行事

牡丹まつり 4月中旬〜5月上旬に境内に牡丹が咲きます

● アクセス

車 北陸道「長浜IC」南に3分

他 JR北陸線「長浜」駅下車湖国バス「宮司北」（総持寺前）下車すぐ、JR長浜駅よりタクシー10分

● 境内図

（■お薬師様 ★納経所 トイレ P駐車場）

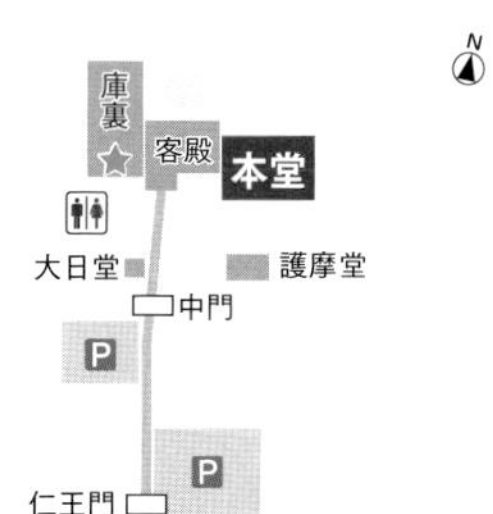

天台宗 西明寺（さいみょうじ）

米CNN「日本の最も美しい場所34選」

日本紅葉の名所百選

西明寺は琵琶湖の東、湖東三山と呼ばれる三名刹のひとつである。平安時代の承和元年（八三四）に三修上人（慈勝上人）が、仁明天皇の勅願により開創した。

ゆるい勾配のある参道をたどると左右の石垣や各古木の根元にはコケがむし、鮮やかな緑が疲れを癒してくれる。同寺は「近江の苔寺」とも呼ばれ、境内全域に様々なコケが自生していることでも知られる。

寺伝によると、あるとき三修上人が琵琶湖の西岸を歩いていると、東の方に紫雲たなびき、まぶしい光が目に飛び込んできた。その輝きを目指して行くと一筋の光明を放つ池があった。この光明は修行中の私に何かを暗示していると推察し、池に向かって一心不乱に祈念した。すると池の中から薬師如来の尊像が、次いで日光、月光の両菩薩、さらに十二神将も現れた。三修上人に帰依していた仁明天皇は、この不思議な話を聞くと、この地に勅願寺を造るように命じ、西方に位置する京都の宮中をも明るく照らす願いを込め「西明寺」の名前を付けたという。

西明寺は平安、鎌倉、室町の各時代を通じて「国家鎮護と五穀豊穣、病気平癒」などを祈願する道場、修行道場として、寺領二千石と山林数町歩が与えられた。最盛期には山内に十七の諸堂宇、三百の僧坊があったという。戦国時代には織田信長の兵火に遭ったが、本堂（明治三十年、国宝第一号）、極彩色の鎌倉時代の壁画が今も残る三重塔（国宝）、さらに室町時

代初期の二天門（重文）は火災を免れた。

本堂内陣の中央に本尊薬師如来立像（重文）、脇侍に日光、月光両菩薩立像、十二神将立像が並び、後陣には不動明王二童子像、釈迦如来立像（いずれも重文）などの仏像が控える。

本堂前の参道脇には国指定の名勝庭園「蓬莱庭」がある。薬師如来など三尊像を表す立石や十二神将などの石組、心字池には鶴・亀に似た島もあり、四季折々の風情、変化が楽しめる。中でも同寺は遠く海外にも名を轟かせる紅葉どころとしても有名で、秋には境内一千本の紅葉が真紅に染まり、同じころに満開となる天然記念物「不断桜」とのコントラストは絶妙で一幅の絵を描き出す。

☎0749-38-4008 滋賀県犬上郡甲良町池寺26
https://yakushi49.com/32saimyoji/

● 基本情報

🕓8:00～17:00（入山は16:30まで、12月9日～3月17日は16:00まで）
¥高校生以上600円、団体（30人以上割引あり）、中学生300円、小学生200円、身障者500円（手帳提示）　休12月31日 15:00～23:30は拝観不可　Pあり（無料）
WCあり　🍴なし　宿なし　WiFiなし

● 門前情報

食事施設あり、車椅子用トイレあり

● おすすめ撮影スポット

本堂周り、名勝庭園・二天門前・参道

● 主な行事

初薬師会	1月8日
節分会護摩供	2月3日
佛生会	5月8日
観音盆	8月18日
永代経向	12月8日
薬師護摩供	毎月8日

● アクセス

🚗名神高速道路「湖東三山スマートIC」より所要3分
他JR琵琶湖線「河瀬」駅より予約型乗り合いタクシー利用。詳しくはHP参照

● 境内図

（■お薬師様　★納経所　🚻トイレ　P駐車場）

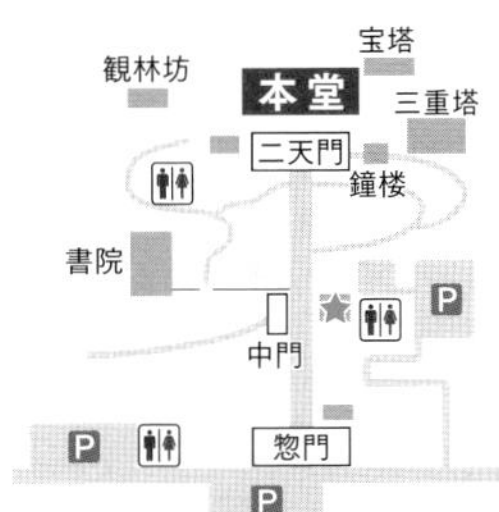

東寺真言宗

石薬師寺

いしやくしじ

弘法大師ゆかりの薬師如来

寺伝によると、同寺は聖武天皇時代の神亀三(七二六)年に泰澄が森の中の地鳴りを聞いた後、大石が現れるのを見たことに始まる。これは薬師如来さまが民衆を救うために現れたのだと感得して、泰澄はそこにお堂を建てて祀った。

その後、嵯峨天皇の延暦十五(七九六)年に弘法大師がこの地を訪れた。この時、弘法大師が花崗岩の大石に薬師如来を刻み、開眼供養したと伝わる。これが本尊の石薬師如来像である。多くが木像であるなか、石像であるのが珍しい。

厄除けの霊験あらたかだと近郷近在の人々だけでなく遠方の人々の信仰も大いに集めて評判になった。その噂は当時の嵯峨天皇にも伝わり、嵯峨天皇はこの寺を勅願寺とした。

時代は下って室町時代の天正年間には織田信長の軍勢による伊勢の攻撃で焼失したが、江戸初期に伊勢国神戸(かんべ)城の城主、一柳監物(けんもつ)が再建を目指した。寛永六(一六二九)年に完成したことが棟札などで確認されている(三重県指定有形文化財)。それから現在に至っている。

弘法大師は全国を行脚して各地に足跡を残し、多くの寺を建立した。宗教家と言うだけでなく、学者であり、思想家、社会事業家でもあった。この寺はその弘法大師の遺徳をしのぶにふさわしい寺といえる。山号は高富山、院号は瑠璃光院という。寺の西側は国道1号線に接しているが、境内は緑が多く静かである。

お前立ち薬師如来

旧東海道に面していることから江戸時代の大名の参勤交代の際に、大名らが財物を寄進して道中の安全を祈願した寺としても広く知られている。

また浮世絵師・歌川広重の東海道五十三次の石薬師宿の図の左下にこの寺が描かれている。右側は刈り取られた田んぼ、背景は山並みである。当時ののどかな面影を伝えるものだ。芭蕉や西行法師らもこの地を詠んでいる。一休禅師は「名も高き誓いも重き石薬師瑠璃の光はあらたなりけり」とこの地を詠んだ。

本尊の薬師如来像は鈴鹿市指定有形文化財。このほか、紀州藩寄進の日光菩薩像、月光菩薩像、十二神将、大日如来像、不動明王像が安置されている。

☎059-374-0394　三重県鈴鹿市石薬師町1番地
https://yakushi49.com/33ishiyakushiji/

基本情報

8:00〜17:00
¥本堂内拝 お一人300円
休なし　Pあり（無料）　WCあり
食なし　宿なし　WiFiなし

おすすめ撮影スポット

境内の庭・本堂前

主な行事

本尊御開扉　12月20日

アクセス

車 東名阪自動車道「鈴鹿IC」より所要15分
他 JR関西本線「加佐登」駅よりタクシーで5分、国道1号「上田口」バス停より5分
近鉄鈴鹿線「平田」駅よりタクシーで10分

境内図

（■お薬師様　★納経所　トイレ　P駐車場）

曹洞宗
四天王寺
してんのうじ

聖徳太子　建立の寺

三重県津市の県庁近くの小さな森の中にある。どっしりした山門は江戸期寛永十八（一六四二）年に再建されたもので、津市指定の有形文化財である。

同寺は非常に古い歴史を持っている。聖徳太子が用明天皇のころに廃仏派の物部氏と何度か戦って敗れた。そこで戦勝を祈願して四天王像を刻んだと伝えられる。

その際、戦いに勝てば寺を建てると心に誓っていたところ、勝利を得たので、三重県のこの地と大阪の地に四天王寺を建てたという。これが同寺の始まりである。

境内から出土する古瓦は七世紀初頭のものと確認されており、同寺が古刹であることを証している。平安時代にはさらに発展し、大寺としてその名をはせたが、幾度もの戦火などで焼かれ、辛酸をなめた。

江戸時代に入って近江出身で築城の名人と言われた武将の藤堂高虎が津城に入り、同寺を改築した。元和元（一六一五）年のことだった。その息子、高次も同寺に深く帰依して土地などを寄進した。

同寺には貴重な文化財が数多くある。鎌倉時代の絹本着色の聖徳太子孝養像は太子が父である用明天皇の病気平癒を願う姿が表現されている。聖徳太子の慈悲深い容貌を描く傑作である。

戦国武将の藤堂高虎とその夫人画像もある。高虎は織田信長、豊臣秀吉、徳川家康の天下人の時代を生き抜いた猛将で、とくに家康の信頼は厚かったようだ。

本堂に安置されている薬師如来座像は平安時代後期

の承保四（一〇七七）年に定朝が彫ったものだ。像の高さは六十五センチあり、檜の一本づくりとなっている。

幾度もの戦火や災厄にもかかわらず傷一つない。聖徳太子孝養画、藤堂高虎夫妻画像と合わせていずれも国の重要文化財の指定を受けている。

その座像胎内には寺領を描いた文書、扇、櫛などが収められていた。これらも重文である。本堂などの建物は第二次大戦でことごとく灰燼に帰したが、戦後に再建され、現在に至っている。

織田信長の生母、土田御前のお墓もあり、藤堂高虎らとともに戦国ファンにとっても見逃せない寺である。

☎059-228-6797　三重県津市栄町1-892
https://yakushi49.com/34sitennoji/

基本情報

9:00～16:00
¥ 無料
休 法要中は拝観不可　P あり（無料）
WC あり　食 なし　宿 なし　WiFi なし

主な行事

伊勢の津七福神霊場（大黒天）
薬師如来開運祈祷会　2月11日

アクセス

車 伊勢自動車道「津IC」より所要10分
他 JR・近鉄「津」駅下車、徒歩15分

境内図

（■お薬師様 ★納経所 トイレ P駐車場）

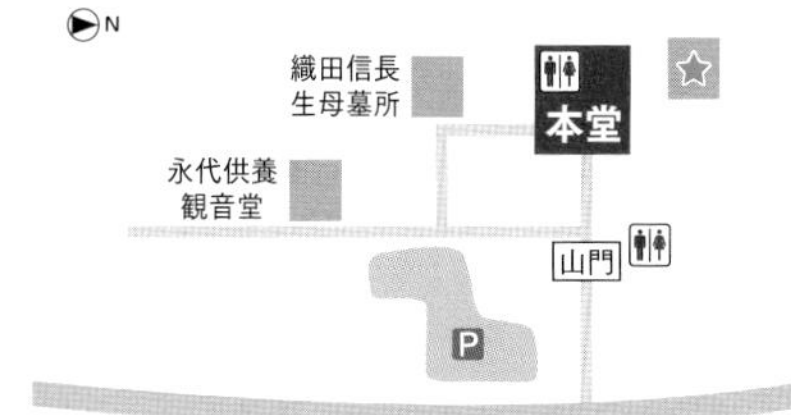

第35番

真言宗山階派

神宮寺（じんぐうじ）（丹生大師）

弘法大師の師が開創

由緒書きによれば、弘法大師の師とされる勤操大徳が宝亀五（七七四）年に光仁天皇の勅願によって開創したと伝えられる。山号は丹生山（にふざん）、院号は成就院という。女人も参詣できるので「女人高野」とも呼ばれ、女性の参拝も多い。

真言密教の聖者である弘法大師は布教のため全国を行脚したが、伊勢神宮に参った際に当地を訪れた。ここが師の開創の寺であることから感得し「我は高野山の聖地に真言密教の根本道場を開かん」と誓願を立てている。まずこの地に「諸堂を建立して衆生を救わん」と心に誓ったという。

そして弘仁六（八一五）年に立派な七堂伽藍の整備を完了した。

同寺境内はなだらかな小山の勾配を活用して池を作り、小川を作り、自然の大樹、老木がのどかな景観を生み出している。

弘法大師は全国に足跡を残し、多くの寺を建立した。たぐいまれな宗教家というだけでなく、学者であり、思想家であり、社会事業家でもあり、有能な教育者であり、医者であり、優れた文筆家であり、書家でもあった。その弘法大師の遺徳をしのぶにふさわしいお寺といえる。

境内の薬師堂には立派な薬師如来像が祀られ、善男

善女が訪れる。阿弥陀如来が西方の極楽浄土におられるのに対して、薬師如来は東方の「瑠璃光世界」におられる。
「薬」の字からも分かるように病気平癒、心身の健康を守る仏さまとして信仰を集めてきた。大医王仏とも呼ばれる。
大師堂の本尊は弘法大師自作の尊像であり、二度の兵火を逃れ現在に至っている。ここでは神宮寺は、通称・丹生大師として人々の尊宗を集めている。
仁王門を修復中で、二〇一九年十月に落慶法要を予定している。解体修理中に仁王像の頭部から造営に関する貴重な記述も見つかった。

☎0598-49-3001　三重県多気郡多気町丹生3997
https://yakushi49.com/35jinguji/

基本情報

御朱印は9:00〜17:00
¥無料　休なし　Pあり（無料）
WCあり（車いす可）　食なし　宿なし　WiFiなし

門前情報

食事施設あり、駐車場あり、
車いす用トイレあり

おすすめ撮影スポット

仁王門前、石文前

主な行事

花まつり	5月8日
弘法大師降誕会	6月15日
定例護摩祈祷（午前中）	毎月8・18・28日

アクセス

車 伊勢自動車道「勢和多気IC」より所要5分
他 JR紀勢線「多気」駅より、町民バス（丹生線）「丹生大師前」下車、徒歩1分（土日祝日は運休）

境内図

（■お薬師様　★納経所　トイレ　P駐車場）

真言宗豊山派

みろくじ

弥勒寺

平安後期の薬師如来座像

名張は万葉の昔から伊勢参りへの宿場などとして栄えた古い歴史を持つ。地名の名張は「沖津藻」という枕詞を持ち、万葉集にも出て来る。東大寺の荘園として発達した。名張には赤目四十八滝や香落渓などの景勝地も少なくない。余談だが推理小説作家の江戸川乱歩はこの地に生まれた。

　名張市の北部の山里にひっそりとたたずむ古刹が弥勒寺である。山号は日朝山という。伝承によれば、聖武天皇の天平八（七三六）年に円了上人が建立したという。創建当時は弥勒仏を本尊としていたようだ。その後、高僧の良弁が大伽藍を建立したほか、弥勒寺に薬師如来を安置したと伝えられる。

　盛時には七堂伽藍を有する広大な寺院だったという。さて同寺には貴重な仏像が多数ある。本尊の重厚で温和な薬師如来坐像は平安後期の木造で、高さ一メートル四十三センチもある。螺髪の頭部に肉髻をほどこし右手を開いて左手に薬壷を持つ典型的な薬師如来の姿である。薬壷に菊紋が入っているのが珍しい。県指定文化財である。

　平安後期の作風を見事に伝える聖観世音菩薩立像と十一面観世音菩薩立像はいずれも木像で、優しさに満ちた容貌がすばらしく、国の重要文化財に指定されている。またもとはこの寺の本尊だったとされる貴重な弥勒如来坐像もあり、鎌倉初期の作と伝えられる。

　このほか名張市指定文化財で寄木造りの役行者像が本堂の本尊に向かって左側に鎮座する。力強い写実的な作風である。この像は寄

第36番

木造りで日本最大とされ注目されている。本堂には増長天、持國天などの像も安置されている。

これらの仏像は一山越えた毛原廃寺のものではと伝わっているが、もう一つ説があってこの弥勒寺の付近から布目瓦の破片が出土したり、伽藍堂、寺屋敷などの地名が残っていることから、その寺院の仏像が弥勒寺に託されたのではないかともいわれる。

同寺では毎年六月から七月にかけて千株以上の紫陽花が咲き乱れるので、信者はもちろん近隣の家族連れらも参観に訪れる。本堂などの重文の仏像を自由に写真撮影できるのはうれしい。

☎0595-65-3563　三重県名張市西田原2888
https://yakushi49.com/36mirokuji/

● 基本情報

冬（10月～3月）9:30～16:30、夏（4月～9月）9:00～17:00

¥500円（20人以上300円）、小学生以下無料

休 なし　P あり（無料）　WC あり

食 なし　宿 なし　WiFi あり

● おすすめ撮影スポット

全ての仏像撮影可。ツーショットもできます。

● 主な行事

初祈祷（大般若会）	1月
あじさい祭	6月
施餓鬼会、地蔵盆	8月
彼岸会	3・9月

● アクセス

車 名阪国道「上野IC」より国道368号南へ10km、弥勒寺看板有り

他 近鉄大阪線「桔梗ヶ丘」駅西口下車、タクシーで10分・三重交通バス「田原」下車すぐ

● 境内図

（■お薬師様　★納経所　トイレ　P駐車場）

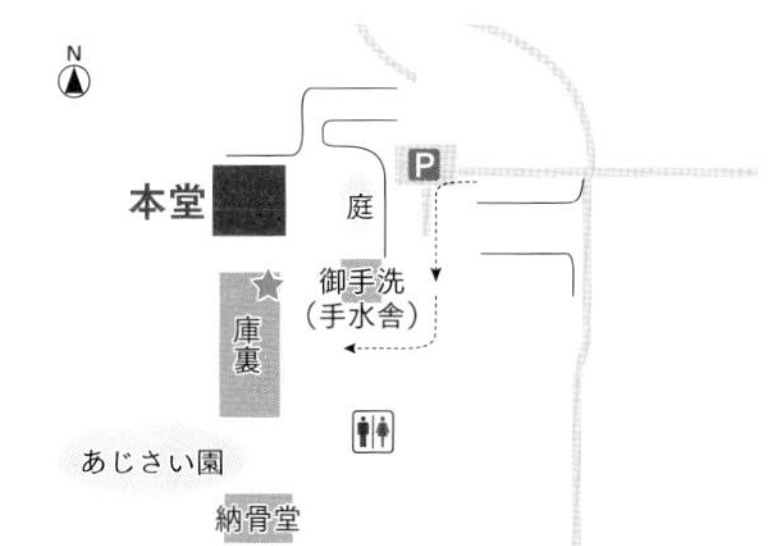

真言律宗

浄瑠璃寺（じょうるりじ）

山々と豊かな水につつまれ

浄瑠璃寺の寺号は、三重塔に安置されている薬師如来の浄土「浄瑠璃世界」が由来。中世から近世にかけて奈良興福寺一乗院の末寺だったが、明治初期の廃仏毀釈によって西大寺末寺となった。三方を山に囲まれた、緑深い清らかな水の池を中心とした浄土式庭園など、平安末期の本堂とともに平安朝寺院の雰囲気を今に伝えている。

本堂（国宝）は寄棟造、本瓦葺きで、堂内には丈六の阿弥陀如来像を中心として九体の阿弥陀如来坐像（国宝）が横一列に安置。池を見下ろす深紅の三重塔に祀る現世の苦しみを除く薬師如来像（重文、秘仏）は東側で「此岸（しがん）」、西側は阿弥陀如来の「彼岸（ひがん）」とされる。

九体阿弥陀は「観無量寿経（かんむりょうじゅきょう）」の「九品往生」に基づくもので、藤原道長が寛仁四（一〇二〇）年に建立した無量寿院阿弥陀堂など、記録に残るのは三十数例にのぼるものの、現存するのは浄瑠璃寺本堂のみという。また、九体阿弥陀如来像の像内に、納入されていたと伝わる阿弥陀の摺仏（すりぼとけ）が寺の内外に残されており、その中に長治二（一一〇五）年の年号を記した紙片が貼付されていることから、歴史の豊かさを彷彿（ほうふつ）させるよう。

他にも国宝では、平安時代後期の作の木造四天王立像は、往時の彩色や截金文様がよく残っており、持国天、増長天の二体は本堂に安置。四体のうち広目天は

東京国立博物館、多聞天は京都国立博物館に寄託されている。重要文化財の吉祥天立像（秘仏）は木造の厨子入で、吉祥天摺仏五十九枚も旧来のまま残されている。

佐伯功勝住職の心得として、先代の教えとして残されている「自然を畏れ　自然を敬い　自然に従う」という筆書きの標語を今も実践。寺院や石仏巡りなど、周囲の山中のルートも整備されており、浄瑠璃寺でも三重塔の薬師如来や池巡りは自由に詣でる人が目立つ。住職自ら本堂の縁側に立って、団参者に寺のいわれなどを説明していた。

☎0774-76-2390　京都府木津川市加茂町西小
https://yakushi49.com/37joruriji/

● 基本情報

9:00～17:00（受付16:30まで）、12月～2月 10:00～16:00（受付15:30まで）

¥ 本堂参拝 400円（小学生以下無料）、身障者200円・（境内入山無料）

休 法要中（例年4月18日・8月20日 14:00～15:30頃、本堂内）は拝観不可

P なし　WC あり　🍴 なし　宿 なし　WiFi なし

● 門前情報

車椅子用トイレ、民間P、食事処あり、バス停付近WiFi有り

● おすすめ撮影スポット

参道、本堂前、三重塔前

● 主な行事

薬師如来開扉は原則毎月8日、彼岸中日・正月三ヶ日の好天の日

● アクセス

🚗 京奈和自動車道「木津IC」よりJR加茂方面へ、府道44号から752号へ約9km

他 JR及び近鉄「奈良」駅より奈良交通バス又はJR「加茂」駅より木津川市コミニティバス共に浄瑠璃寺下車徒歩3分

● 境内図

（■お薬師様　★納経所　🚻トイレ　P駐車場）

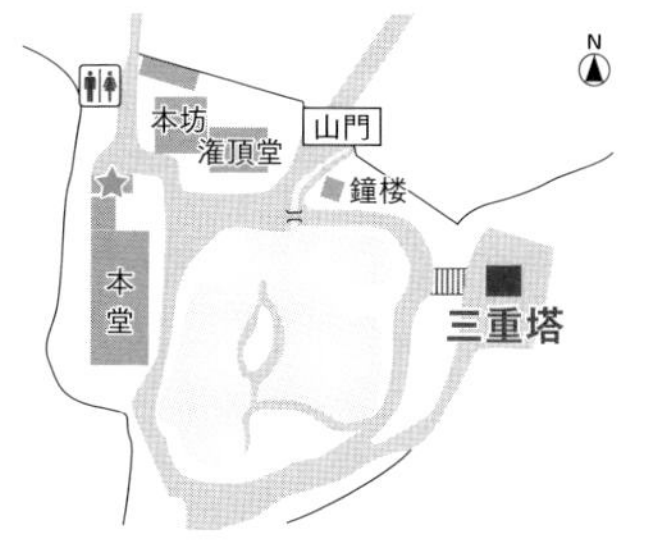

第38番

真言宗

法界寺

ほうかいじ

安産求め絶えない女性信者

法界寺は、飛鳥時代（六一四～六六九）「大化の改新」の中心となる藤原鎌足を祖とする一族であった日野家の菩提寺で、日野富子が出たことでも有名である。別名は「日野薬師」「乳薬師」。浄土真宗開祖の親鸞聖人は、承安三（一一七三）年、日野有範の子として同寺で誕生。平安時代後期の永承六（一〇五一）年、出家した日野資業が、薬師如来を祀る堂建立が法界寺の始まりとされている。

本尊の薬師如来立像（重文・秘仏）の胎内には、日野家の家祖・藤原宗家から代々伝わる伝教大師最澄手づくりの三寸薬師像が納められている。往時より、子どもを授かる願い事がかなうとして、安産や授乳、子の成長を願う妊産婦からの信仰を集めている。薬師堂の格子戸には、色々な願い事が書かれた新しいよだれ掛けが今も奉納され、お堂の内部が見えないほど積み重なっている。

阿弥陀堂（国宝）は、承久三（一二二一）年の兵火で焼失後すぐに再建。藤原時代の極楽浄土の具象化としての典型的な阿弥陀堂建築の一つで、平等院鳳凰堂と相前後して建立された。五間五面の檜皮葺、宝形形、須弥壇の組勾欄の反りや擬宝珠の穏やかな線に当時の特徴が残されている。

木造阿弥陀如来坐像（国宝）は、平等院鳳凰堂の本

尊に最も近い「定朝様式」の典型的な仏像として知られる。寄木造、漆箔、八角九重の蓮華座の上で結跏趺坐した姿で、金箔の瞼を薄くのぞかせている。

四天柱の表面や、柱上の小壁には創建当時の「飛天の図」などの壁画（重文）がそのままで残されており、法隆寺金堂壁画焼失後で完全な絵として貴重な史料。

非公開の十二神将像（重文）は、薬師堂内両脇の厨子に祀られており、刀を携えた勇壮な姿で鎌倉彫刻の傑作になっている。

☎075-571-0024　京都市伏見区日野西大道町19
https://yakushi49.com/38hokaiji/

● 基本情報

🕓9:00～17:00（10～3月は16:00まで）
¥大人500円、高校生400円、小中学生200円、身障者（本人）300円
休不定休　Pあり（無料）　WCあり
🍴なし　宿なし　WiFiなし

● おすすめ撮影スポット

国宝阿弥陀堂

● 主な行事

法界寺裸踊り（京都市登録民族無形文化財）
修正会法要結願日の1月14日の夜
※自由に参拝見学

● アクセス

🚗大阪方面より京滋バイパス「宇治西IC」より20分、滋賀方面より京滋バイパス「宇治東IC」より15分

他京都市営地下鉄東西線「石田」駅徒歩20分。JR奈良線「六地蔵」駅より地下鉄乗り換え「石田」駅へ

京阪・JR「六地蔵」駅、地下鉄「石田」駅より京阪バス「日野誕生院」行き「日野薬師」下車すぐ（但し本数が少なく確認の上）

「醍醐寺」から車で10分

● 境内図

（■お薬師様　★納経所　🚻トイレ　P駐車場）

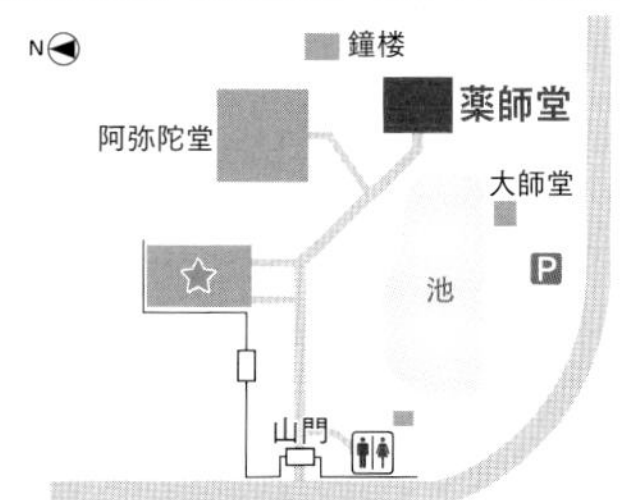

第39番

真言宗醍醐派総本山
醍醐寺（だいごじ）

篤い信仰と癒しの心のよりどころ

　醍醐寺は真言宗醍醐派の総本山。弘法大師の実弟・真雅僧正の弟子である理源大師・聖宝が、貞観十六（八七四）年に笠取山（醍醐山）で草庵を結び、准胝、如意輪の両観音像を安置したのが始まり。開創まもなく、醍醐天皇によって延喜七（九〇七）年に薬師堂、釈迦堂の建立に次いで天暦五（九五一）年に五重塔が落成し、上下醍醐の伽藍が完成。その後も皇室、貴族、武家の信仰を集め、繁栄してきた。そして、平成六（一九九四）年に「古都京都の文化財」として世界遺産（文化遺産）に登録されている。

　貴重な文化財も多く、金堂（国宝）に安置されている薬師三尊像は重要文化財。現在の金堂は豊臣秀吉の命によって紀州（和歌山県）湯浅から移築が計画され、秀頼の時代、慶長五（一六〇〇）年に完成した。五重塔（国宝）は京都府下最古の木造建造物で、「応仁・文明の大乱」で伽藍の多くが焼失した中で唯一難を逃れ、天暦盛時（九四七～九五七年）の姿を留めている。

　醍醐寺の本坊である三宝院の唐門（国宝）は、朝廷からの使者を迎える時のみ門扉を開いたとされ（勅使門）、豊臣秀吉が催した「醍醐の花見」翌年の慶長四（一五九九）年に建立された。桃山時代を代表する木造建築物で、門全体が黒漆塗りに菊と桐の四つの大きな紋には金箔が施されている。

　他にも、醍醐寺を代表する仏画のひとつである「文殊渡海図」（国宝）は鎌倉

時代作。俵屋宗達筆による「舞楽図屏風」（重文）や、勅使之間（重文）の襖絵「竹林花鳥図」は桃山時代の長谷川等伯一派の作といわれている。このように国宝・重要文化財を含む約十五万点にも及ぶ寺宝を今に伝えている。

醍醐寺最大の行事である「五大力尊仁王会」（毎年二月二十三日）や、豊臣秀吉が慶長三（一五九八）年に行われた「醍醐の花見」にならって開催される「豊太閤花見行列」（毎年四月の第二日曜日）、「醍醐寺万灯会」（毎年八月五日）など、全国各地から参拝者が訪れている。

☎075-571-0002 京都市伏見区醍醐東大路町22
https://yakushi49.com/39daigoji/

基本情報

🕓9:00～17:00（12月第1日曜日の翌日～2月末日は16:30まで）拝観券の発券は開門の1時間前（各所入場は閉門30分前まで）

¥通常期800円（春期・秋期1500円）※春期・秋期3月20日～5月15日、10月15日～12月10日、団体（20名以上）中高生は割引あり。小学生・障害者証明書持参の方（付添1名）無料

休なし　Pあり（有料）　WCあり

🍴あり（不定休）　宿なし　WiFiあり

アクセス

車 名神高速「京都東IC」から約20分、名神高速「京都南IC」から約30分、阪神高速「山科IC」から約15分、京滋バイパス「宇治東IC」から約25分

他 地下鉄東西線「醍醐」駅下車②番出口より徒歩約10分、京阪バス22・22A系統「醍醐寺前」下車、京阪バス301系統で「醍醐寺」下車

境内図

（■お薬師様　★納経所　🚻トイレ　P駐車場）

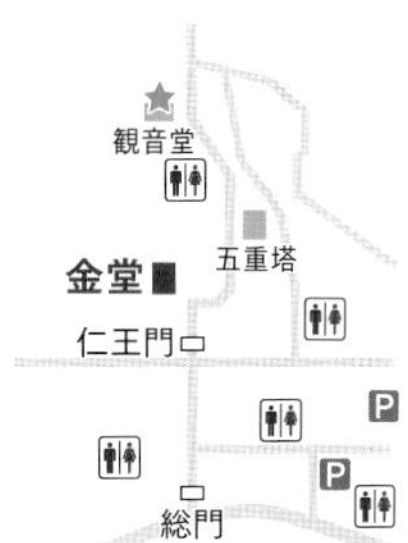

第40番

真言宗

雲龍院

うんりゅういん

「悟りの窓」で瞑想のひととき

雲龍院は泉涌寺の別院で、山内の最奥に位置する。応安五（一三七二）年に後光厳天皇が建立、康応元（一三八九）年に後円融天皇が「龍華院」を建立された。度重なる火災や、「応仁の乱」（文明二（一四七〇）年には焦土と化し、わずかに後光厳、後円融天皇の尊像を残すのみとなってしまった。その後雲龍院と龍華院の二院が合併し、現在の雲龍院となった。

皇室との関係は深く、天保十四（一八四三）年以後の光格天皇の欣子内親王を始め、仁孝天皇皇女、孝明天皇皇女を葬奉している。皇室関係の御参などのために玄関、方丈、勅使門を賜わったり、次いで御尊牌奉安のための「霊明殿」が、孝明天皇、明治天皇、英照皇太后の申し出でによって明治二年に再建された。霊明殿には北朝天皇の御尊牌が奉安されている。

本堂の「龍華殿」は、椹の木材を竹の釘で打った雄大な柿葺で、貴重な建造物として昭和四十一年に国の重要文化財に指定。後円融天皇が写経の功徳を発願され以来、如法写経が受け継がれている。

本尊の薬師如来は藤原時代作。薬師如来坐像を中心に日光・月光両菩薩を両脇

に祀られている。「瑠璃光王」「大医王尊」と称され、医療を施す現世利益の仏として親しまれてもいる。その他、鎌倉時代の作の「走る大黒天尊像」や、大石内蔵助書の「龍淵」が飾られている。

「どこから見ても庭が美しく眺めることができます」と市橋朋幸住職。障子窓からのぞく「蓮華の間」、書院悟之間の「悟りの窓」や「迷いの窓」は訪れる度に、その風景を変化させる。

☎075-541-3916　京都市東山区泉涌寺山内町36
https://yakushi49.com/40unryuji/

基本情報

9:00～17:00（入山は16:30まで）
¥ 400円（小学生以下は無料）
休 法要・行事により拝観不可あり
P あり（無料）　WC あり
食 なし　宿 なし　WiFi なし

おすすめ撮影スポット

悟りの窓・しきしの景色・庭園・水琴窟

主な行事

泉山七福神巡り（1月の成人の日は拝観休止）
如法写経会法要（4月27日は拝観休止）
ひと文字写経（12月23日は庭園拝観休止）

※上記以外でも、一般の方の拝観を休止する場合あり。詳しくはHP記載の「雲龍院拝観日」で要確認。

アクセス

車 阪神高速京都道「鴨川西IC」より所要10分・名神高速道路「京都南IC」より所要 30分

他 JR奈良線・京阪「東福寺」駅より徒歩25分、市バス（202・207・208番）「泉涌寺道」下車徒歩20分

境内図

（■お薬師様　★納経所　トイレ　P駐車場）

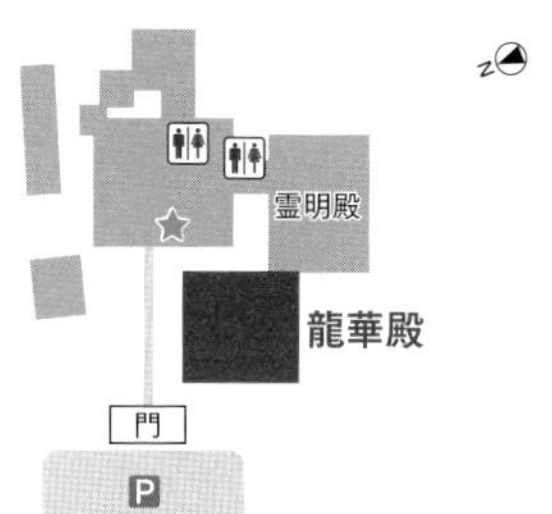

真言宗

正法寺

しょうぼうじ

白砂に浮かぶ庭園を楽しむ

正法寺は天平勝宝六（七五四）年、奈良唐招提寺を創建した鑑真和上の高弟、智威大徳が修行した坊として始まった。弘仁（八一〇～八二四）年間に弘法大師空海が入寺し、「聖観世音菩薩立像」を彫刻したことが伝わる。「応仁の乱（一四六七～一四七七）」の戦火に焼失したが、元和元（一六一五）年に、恵雲律師、徴円律師により再興。元禄年間（一六八〇～一七〇三）には江戸幕府五代将軍徳川綱吉の生母・桂昌院の帰依を得て、徳川家代々の祈願所となったことで知られる。

境内に入ってすぐ右手の赤い「遍照塔」は「六角の塔」で、日清日露戦争の戦没者慰霊のために、京都市が明治四十一年、高台寺に建てた後に同寺に移転された。亀岡建築の亀岡末吉技師が、鎌倉、室町の建物の雰囲気を取り入れたチタン葺の六角二重塔で、京都市指定有形文化財。

本尊は木造「三面千手観世音菩薩」。顔の両側に別の顔（化仏）がある三面形式で、左右の顔は過去と未来にも目を配ろうという意味があり、国指定重要文化財。他に、「春日不動」や、敬愛和合の「愛染明王」（室町時代作）、「春日稲荷尊」「薬師如来」「阿弥陀如来」など。聖観世音菩薩は弘法大師の作と伝わる。大原野大黒天は通称走り大黒天といわれ、一刻でも早く福を授けようと走っているお姿が珍しい。

通称「石の寺」と呼ばれる。境内全体で二百トンに及ぶ巨岩が全国各地から集められていることに由来。庭園のなかでも「宝生苑」

は東山連峰を望む借景式枯山水庭園で、堂の畳に座して眺めると、庭石の形がカエル、モグラ、鳥やペンギン、ウサギなど十六種類の動物の形に似ていることから「鳥獣の石庭」と呼ばれている。どれだけ動物を見つけられるか、親子で、友だちで競争するのも楽しい。

住職のたっての要請で、死の直前まで病と闘いながら描き上げた画家・西井佐代子さん（享年五十二歳）の襖絵十七枚も見どころ。書院などの計四十一枚の創作を始めて間もなく、末期がんの診断を受けたが、大原野の山並みの風情を描いた「西山讃歌」が絶筆となった。

☎075-331-0105　京都市西京区大原野春日町1102
https://yakushi49.com/41shohoji/

● 基本情報

🕘9:00～17:00
¥300円、団体（30人以上）270円
休なし　Pあり（無料）　WCあり
🍴なし　宿なし　WiFiなし

● おすすめ撮影スポット

境内全域、季節による

● 主な行事

節分厄除開運祈願祭	2月3日
花まつり	4月上旬
紅葉まつり	11月中旬

● アクセス

🚗京都縦貫道「大原野」又は「沓掛IC」より5分

他 阪急京都線「東向日」より阪急バス南春日町行終点下車、徒歩8分

● 境内図

（■お薬師様　★納経所　🚻トイレ　P駐車場）

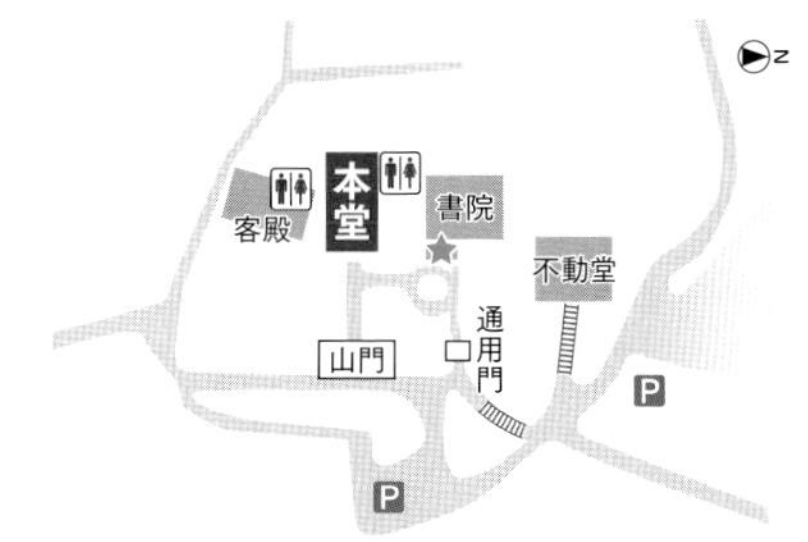

第42番

勝持寺（しょうじじ）

天台宗

花の寺に ふさわしい見事な桜

勝持寺は、白鳳八（六七九）年に天武天皇の命により山岳信仰の役行者（えんのぎょうじゃ）が創建したのが始まり。延暦十（七九一）年には桓武天皇の勅命で伝教大師最澄（さいちょう）が堂塔伽羅を再建し、薬師瑠璃光如来（やくしるりこうにょらい）を一刀三礼の礼を尽くして刻んで本尊とした。

承和五（八三八）年、仁明天皇の勅によって塔頭四十九院を要する大寺院となったが、応仁の乱の兵火に遭って仁王門を除いて焼失。現在の建物は徳川家桂昌院による再建である。

「花の寺」の由来として、武士であり僧侶、歌人でもある西行（さいぎょう）法師が手植えをした「西行桜」で知られる。謡曲西行桜で西行は「花見んとむれつつ人のくるのみぞ、あたら桜のとがにはありける」と詠み、俳人・高浜虚子も「地のとどく　西行桜したしけれ」の句を詠んでいる。中村真容住職は「法師は心から桜がお好きで、この地をお選びになって出家をされました」と、平成三十年が西行法師生誕九百年の記念の年であることも付け加えた。

西行法師座像は寄木造り漆塗りで室町時代の作。他に、鎌倉時代作の日光菩薩像・月光菩薩像、摂政大政大臣・近衛家熙公添え書きの醍醐天皇勅額（平安時代）。重要文化財では、漆

箔の玉目が入っている本尊・薬師如来像（鎌倉時代）と、像高九・一センチの薬師如来（平安時代）が本尊の胎内から見つかっている。

応仁の乱以後の「勝持寺子院跡発掘調査ー室町時代後半の寺院の石垣ー」（京都市埋蔵文化財研究所）が二〇一一年に行われ、組石など多数が発掘。傍らの仁王門（昭和四年修復）には赤色は変色しつつあるものの、湛康（たんこう）・慶秀作の眼光鋭い金剛力士像（鎌倉時代）も重要文化財として往時のまま保存されている。

☎075-331-0601 京都市西京区大原野南春日町1194
https://yakushi49.com/42shojiji/

● 基本情報

9:30〜16:30（受付は16:00まで）
¥ 大人400円、30名以上350円、中高生300円、小学生200円
休 2月中拝観休止、要問合せ
P あり（無料）　WC あり　食 なし
宿 なし　WiFi なし

● おすすめ撮影スポット

西行桜、つりがね付近、桜ヶ丘

● アクセス

車 京都縦貫自動車道「大原野IC」より5分
他 JR向日町、阪急東向日より阪急バス「南春日町」下車徒歩20分

● 境内図

（■お薬師様　★納経所　トイレ　P駐車場）

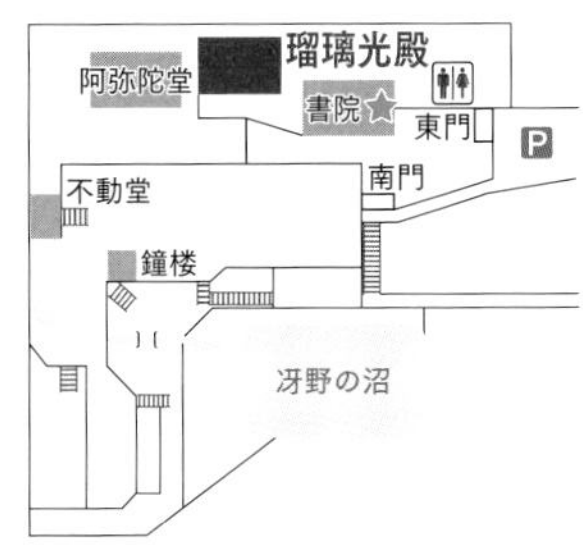

第43番

神蔵寺（じんぞうじ）

臨済宗妙心寺派

折々の桜と紅葉の色彩に恵まれて

神蔵寺の開祖・開山は、比叡山延暦寺を建て、天台宗開祖となる伝教大師最澄。延暦九（七九〇）年に、亀岡盆地西にそびえる回峰修行の霊峰、朝日山の麓に最澄が道場を開いたことが始まりとされる。朝日山の山頂からは、今も比叡の山々がのぞめる。

　正暦（九九〇〜九九四）年間には仏堂や伽藍塔頭など二十六院を擁していた大寺院で、源氏一門の崇拝が篤く源頼光、頼政も帰依した。治承4（一一八〇）年、頼政が挙兵に乗り出し神蔵寺の僧兵と三井寺の僧兵も加担したが、平家・平清盛に敗れ、所領没収で神蔵寺も荒廃してしまった。

　天台宗による嘉禎元（一二三五）年の僧舎再建や、応永（一三九〇〜一四二〇）年間に室町幕府管領の細川頼元の帰依厚く、再び隆盛を誇った。しかし、天正三（一五七五）年に織田信長の命により、明智光秀が丹波平定のために神社仏閣など残さず焼き払ったが、神蔵寺信者の機転で本尊を菰に包んで本堂脇の川に隠したため難を逃れた。寺の脇を流れる清流の「菰川」の名は、その伝説に端を発する。

　その後、承応二（一六五三）年の浄土宗光明寺派・願西法師が、本堂や阿弥陀堂、鐘楼を再建。延宝七（一六七九）年、亀山城主の松平伊賀守忠昭が、臨済宗妙心寺派高僧の高隠玄厚を招いて現在に至っている。

　寺宝は本尊の薬師如来坐像。延暦寺根本中道の薬師

如来と同じ木材で彫られており、左右に日光・月光立像を配するなど、平安時代の藤原期の様式を今に伝えている。大正六(一九一七)年に国宝、昭和二十五(一九五〇)年に国の重要文化財に指定されている。佐伯薬師、稗田野薬師として親しまれ、境内の随所に鎮守八幡大菩薩や地蔵尊が奉られ老若の参拝者が絶えない。朱塗りの「みかえり橋」や、眼病が良くなると伝えられる「手水社」もそうだが、秋には紅葉の名所として知られ、樹齢四百年のイロハモミジに写真愛好家のシャッター音が途切れない。

☎0771-23-5537 京都府亀岡市稗田野町佐伯岩谷ノ内院ノ芝60
https://yakushi49.com/43jinzoji/

基本情報

🕘9:00～16:30
¥300円、小学生以下は無料
休なし　Pあり(無料)　WCあり
食なし　宿なし　WiFiなし

おすすめ撮影スポット

本堂に至る石段、石垣と大もみじ

主な行事

修正会	1月1日～3日(薬師如来御開帳)
紅葉のライトアップ	11月
灌仏会	4月8日(御開帳)
薬師会	9月12日(御開帳)

アクセス

車 京都縦貫自動車道「亀岡IC」から15分
他 JR「亀岡」駅より京阪京都交通バス「国道佐伯」または「柿花」下車徒歩25分

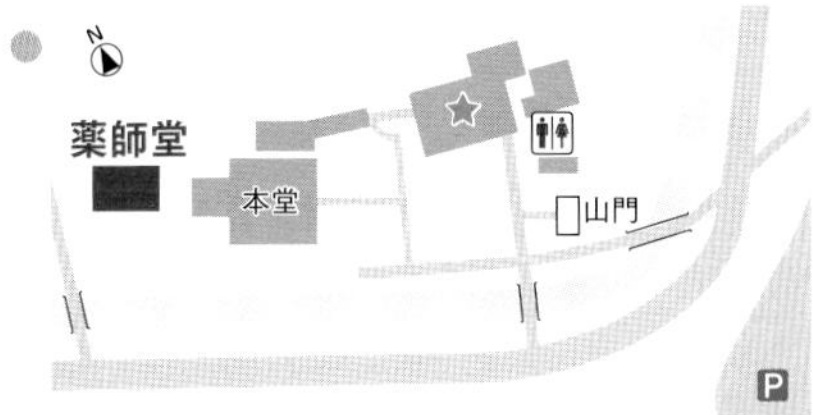

真言宗

神護寺

じんごじ

空海、最澄など
由緒ある寺院

神護寺は、平安京造営の推進者であった和気清麻呂がこの地に、月輪寺など愛宕五坊の一寺として高雄山寺を創建。天長元（八二四）年に清麻呂が、国家安泰を祈願するために建立した神願寺と高雄山寺を合併し、「神護国祚真言寺」と改めた。

　和気清麻呂の「和気公霊廟」は境内近くにあり、墓所は金堂の奥にある。清麻呂の没後、和気の子孫は唐から京へ戻った弘法大師・空海にすべてをゆだね、空海は大同四（八〇九）年に神護寺へ入山以降、十四年間この地にとどまって真言宗立教の基礎を築いた。

　平安時代の災害により堂塔の多くが焼失したが、元武士で真言僧の文覚上人が復興に奔走。寿永三（一一四八）年、後白河法皇の勅許や源頼朝の援助を得て復興した。応仁の乱の兵火で焼失。元和九（一六二三）年に所司代・板倉勝重が奉行になって楼門、金堂、五大堂などが再興されている。

　平安、鎌倉期の文化財も多く、国家安泰を祈願する、鋭いまなざしが特徴の本尊の薬師如来立像（国宝）、富貴成就、天変消除を祈る五大虚空蔵菩薩像（国宝）、文覚上人四十五箇条起請文（国宝）。弘法大師筆の灌頂暦名（国宝）には結縁者の筆頭に最澄の名が記されている。伝源頼朝像（絹本著色・国宝）は、伝平重盛、伝藤原光能と共に

神護寺三像の名称で歴史教科書でも知られている。他にも、重要文化財では、日光月光菩薩像、毘沙門天立像（木造）、十二天画像（絹本著色）、足利義持画像（絹本著色）、後宇多法皇宸翰寄進状（一巻）、神護寺文書（二百七十四通）など、二千八百三十三点にのぼる。

春夏秋冬の風情も清流とともに、神護寺境内には約三千本もの紅葉につつまれ秋には真っ赤に染まり、急こう配の石段と紅葉のコントラストが美しい。厄よけなどの願いをこめて、素焼きの皿を雄大な渓谷に向かい投げる「かわらけ投げ」は、神護寺が発祥の地とされる。

☎075-861-1769 京都市右京区梅ヶ畑高雄町5番地
https://yakushi49.com/44jingoji/

● 基本情報
🕘9:00～16:00（閉門時間17:00）
¥大人600円、小学生300円、団体（30人以上）割引あり　休なし　Pなし　WCあり
🍴なし　宿なし　WiFiなし

● 門前情報
近隣に駐車場・食事施設あり

● おすすめ撮影スポット
神護寺楼門、金堂前石段、地蔵院からの錦雲渓

● 主な行事
宝物虫払い行事
5月1日～5日（源頼朝像・平重盛像・灌頂暦名・文覚四十五箇条起請文）等
多宝塔　五大虚空蔵菩薩像御開帳
5月13日～15日・10月（体育の祝日を含む3連休）
大師堂　板彫弘法大師像御開帳
11月1日～7日

● アクセス
🚗名神「京都南IC」から約60分・国道162号を「福王子」交差点から 京北・高雄方向へ約6km
他JR「京都」駅、地下鉄烏丸線「京都」駅からJRバス高雄京北線で約50分、「山城高雄」下車 徒歩約20分
阪急京都線「烏丸」駅、地下鉄烏丸線「四条」駅から市バス8号系統で約45分「高雄」下車徒歩約20分

● 境内図
（■お薬師様 ★納経所 🚻トイレ P駐車場）

第45番

天台宗

三千院（さんぜんいん）

天台三門跡の最古の歴史を刻む

三千院は天台三門跡の中で最も古く、伝教大師最澄が延暦（えんりゃく）（七八二～八〇六）年間に比叡山延暦寺を開いた時に、東塔南谷（とうとうみなみだに）の梨の木の傍に一宇を構え、梨本円融房（なしもとえんゆうぼう）と称したのが始まり。梨本門跡の名はこれに由来する。

平安後期以降は皇子皇族が住持する宮門跡となり、元永（一一一八）元年に堀河天皇第三皇子の最雲（さいうん）法親王が入寺。以後、歴代の住持職として皇室や摂関家の子弟が修行僧として入門、史上名高い護良（もりなが）親王も入寺している。明治四年の法親王還俗にともない、霊元天皇御宸筆の勅額を賜って三千院と称されるようになった。

国宝では、往生極楽院に祀られている阿弥陀如来像、観音菩薩坐像、勢至菩薩坐像の阿弥陀三尊坐像が知られる。木造漆箔で信者の臨終に際して、阿弥陀如来やその眷属（けんぞく）が極楽浄土から迎えに来られる様を表しており、平安時代を代表する三尊像である。胎内から久安四（一一四八）年の墨書が発見されている。重要文化財としては、往生極楽院、木造不動明王立像、慈覚大師伝具中歴、性空上人伝記遺続集、四天王寺縁起残巻・承安三（一一七三）年惟宗季重書写、三千院円融蔵典籍文書類など数多い。

第45番

境内の御殿門は、近江坂本の穴太衆の石組みで、茶人・金森宗和修築による聚碧園、伝教大師作と伝わる薬師瑠璃光如来を祀る宸殿は、三千院の重要な御懺法講が執り行われる。

新緑や紅葉など四季折々の庭園は参詣の列は絶えることなく、石彫刻家・杉村孝氏作の弁天池脇にたたずむわらべ地蔵の笑顔にシャッターが向けられる。金色不動堂手前の数千株のあじさい見所である。

☎075-744-2531　京都市左京区大原来迎院町540
https://yakushi49.com/45sanzeninmonzeki/

基本情報

🕓9:00～17:00（11月 8:30～17:00）、（12月～2月 9:00～16:30）

¥一般700円（団体30名以上600円）、中高生400円（団体30名以上300円）、小学生150円

休5月30日は御織奉修により庭園のみ拝観可

Pなし　WCあり　🍴なし　宿なし　WiFiあり

門前情報

食事施設あり

おすすめ撮影スポット

庭園

主な行事

万灯会、大根焚き

アクセス

🚗名神高速「京都東IC」国道161号湖西道路経由「真野IC」途中方面へ 途中を経由して大原方面へ

他JR京都駅より地下鉄「京都」駅～「国際会館」駅下車、バス19系統「大原」下車徒歩10分

境内図

（■お薬師様　★納経所　🚻トイレ）

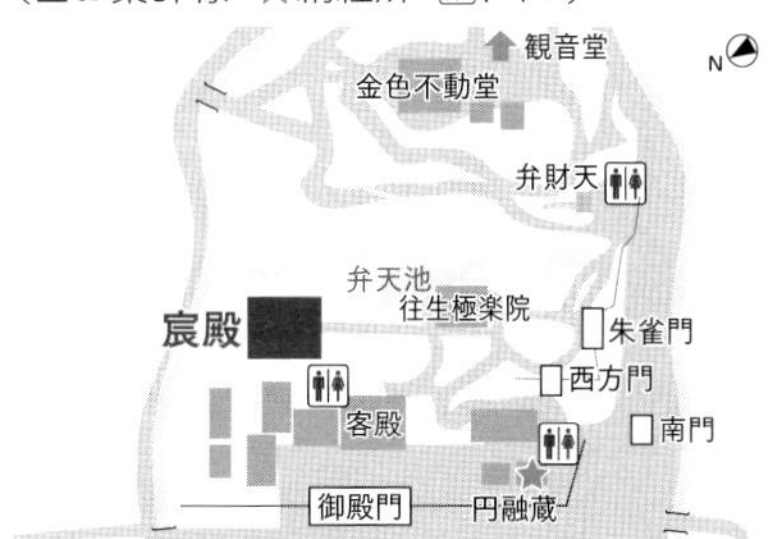

第46番

天台宗

桑實寺

くわのみでら

わが国最初の養蚕地

桑實寺は、見晴らしの良い絶景が展開する標高四百三十三メートルの繖山西側斜面の中腹にある。本堂東の道をたどれば観音霊場の札所もあり、参詣者も高齢の方、中高年の方々に交じって、最近はハイキングや山登りの途中に訪れる人たちも少なくない。

山裾の桑實寺集落から、両側に坊跡の残る自然石の石畳を登ることおよそ五百メートル、山中の狭い境内正面に、素朴で古風、質素で優美な本堂が目に入る。創建は白鳳六（六七七）年。天智天皇の勅願寺院として藤原鎌足の長男・定恵和尚が開山した。

同天皇の四女・阿閉皇女が病に伏したとき、皇女は琵琶湖に瑠璃の光り輝く夢を見た。話を聞いた天皇は定恵和尚に法会を営ませると、こんどは湖中より生身の薬師如来が現れ、放った大光明で阿閉皇女はもちろん、当時湖国で流行った疫病に苦しむ多くの人たちを病から救ったという。この薬師如来を本尊としたのが桑實寺である。

以来ご本尊は、難病救済の霊験あらたかなお薬師さんとして熱い信仰を集め、同寺は「薬師如来信仰の祈願道場」として名を馳せた。

現在の本堂は、南北時代の建立で入母屋造り檜皮葺き。間口七間、奥行き八間の単層檜皮葺で室町時代初期の建築様式を伝えている。国の重要文化財で、寺の話では昭和五十七年から同六十一年まで解体、修復工事も行われている。

寺名の「桑實寺」は、定

恵和尚が留学先の唐から持ち帰った桑の木をこの地で栽培し、日本で初めて養蚕技術を広めたことから。しかし、今では桑畑はなく、養蚕も行われていない。

一五三二年には、室町幕府十二代将軍足利義晴が仮の幕府を置いたこともあり、二院十六の僧坊を有し繁栄を極めた。織田信長は比叡山焼き打ちで知られるが、ここでは天正四（一五七六）年、荒廃していた寺の堂宇の再建に力を尽くし、手厚い保護を加えている。

境内にある梅をはじめ桜、つつじ・さつき、あじさい、そしてもみじなどが季節になると寺を包み、参詣者らの霊場巡りに彩りを添えている。

☎0748-46-4025 滋賀県近江八幡市安土町桑実寺292
https://yakushi49.com/46kuwanomidera/

● **基本情報**

🕓9:00～17:00（冬季12月～2月は16:00まで）

¥入山料 大人300円、小人150円、団体割引（50名）

休 気象状況により　P あり（無料）

WC あり　🍴なし　宿 なし　WiFi なし

● **主な行事**

初薬師護摩法要	1月8日
施餓鬼法要	3月彼岸入りの日
開山忌	4月25日

● **アクセス**

🚗名神高速道路「竜王IC」より山裾まで約30分

他 JR琵琶湖線「安土」駅より山裾まで1.8km、徒歩20分・山裾から本堂まで石段約650段、徒歩20分

● **境内図**

（■お薬師様　★納経所　🚻トイレ　P 駐車場）

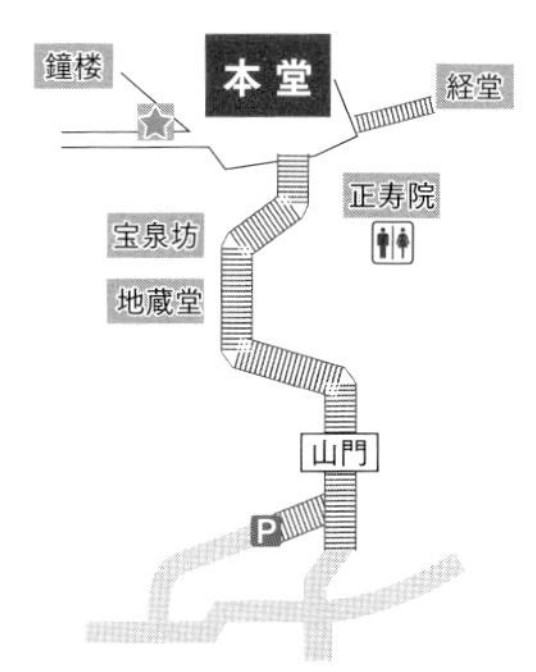

天台宗

善水寺

ぜんすいじ

池の中から一筋の光が

バスツアーなどで関西、関東方面の団体客らが訪れる。本堂で梅中堯弘住職から寺の成り立ち、ご本尊の話などを聞き、その後三々五々、堂内の内外陣に鎮座する仏さまを拝観する。「心と体の健康を願って見ていただければ…」。梅中住職の参詣者への想いである。

奈良時代の和銅年間（七〇八~七一五）に、元明天皇の勅命により鎮護国家の道場として建てられ、年号から和銅寺と号していた。

延暦年間には、伝教大師最澄上人が比叡山を開創され、堂舎建立の木材を甲賀の地に求められたが、連日の日照り続き。請雨祈願の浄地を探していると、岩根山の中腹から一筋の光が差し込む。山に登るとお堂、その東に百伝池があり、池中から一寸八分の薬師仏を勧請された。この薬師仏を本尊として請雨の祈祷すること七日間、大雨が一昼夜降り続き、堂舎建立の木材は無事、現在の野洲川を下って比叡の麓に運ばれたという。

後に京の都で桓武天皇ご病気の折には、霊仏出現のあの池の水を薬師仏にお供えし、病気平癒を七日間祈願し、その霊水を天皇に献上したところ、病気がたちまち平癒され「善水寺」の寺号もこうした縁によって賜ったものと伝える。伝教大師最澄のおかげで善水寺は中興され、この地方の天台寺院として信仰を集め、繁栄した。

しかし、延文五（一三六〇）年の火災によって焼失。

優雅な雰囲気が漂う国宝の本堂は、南北朝時代の貞治五（一三六六）年の再建である。木造平屋建て、入

母屋造檜皮葺、桁行七間、梁間五間。屋根の四隅の反りが夕陽に映える。堂内は天台密教仏殿形式で外陣、内陣を菱格子で区切られ、本尊の薬師如来坐像は一木造りで本堂の厨子内に安置される。胎内からは正暦四（九九三）年の願文や種籾が納められていた。種籾は本堂に展示。脇侍には梵天と帝釈天、さらに四天王とかつての根本中堂様式である「梵釈四王」の六天様式を伝える貴重な存在である。

遠来の参拝客らは数珠を手に、国、重文級の仏像一体一体を目の前に拝みながら、静かに頭を下げ祈りを捧げていた。

☎0748-72-3730　滋賀県湖南市岩根3518
https://yakushi49.com/47zensuiji/

● 基本情報

🕓9:00〜16:00（入山は15:30まで）、3〜10月は17:00（入山16:30まで）
¥ 大人500円、中高生300円、小学生無料、団体20名以上1割引
休 法要時間内は拝観不可
P あり（無料）　WC あり（車いす可）
🍴 なし　宿 なし　WiFi あり

● おすすめ撮影スポット

本堂

● 主な行事

節分会	2月節分
准仏会	5月5日
笈渡会	7月第一日曜
千灯会	10月8日

● アクセス

🚗 名神高速道路「栗東湖南IC」または「竜王IC」より15分

他 JR草津線「甲西」駅下車、湖南市巡回バス下田行「岩根」下車、徒歩10分

● 境内図

（■お薬師様　★納経所　🚻トイレ　P駐車場）

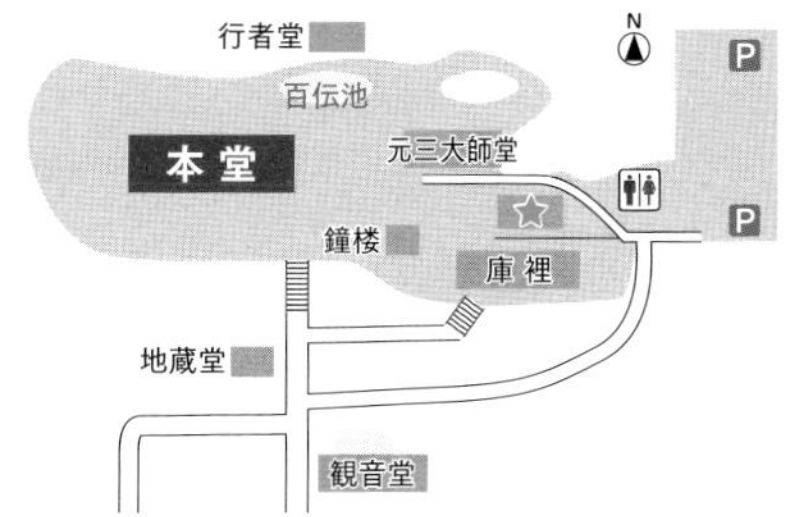

第48番

天台寺門宗 水観寺（すいかんじ）

今も変わらぬ、尊敬集める

水観寺は、総本山園城寺（三井寺）の五別所寺院の一つとして、長久元（一〇四〇）年明尊大僧正によって創建された。別所寺院というのは平安時代から仏法を布教し、多くの衆生を救済するため総本山周辺に設けられた寺院をいう。

慶長六（一六〇一）年に准三宮道澄大僧正によって、現世利益を本旨とする薬師瑠璃光如来をご本尊として祀り、整備された。現在の本堂は江戸時代明暦元（一六五五）年の再建で正面四間、側面五間の一重入母屋造の柿葺き。滋賀県の県指定文化財になる。昭和六十三（一九八八）年に元の別所の地から園城寺境内の現在地に移設されたが、ご本尊は一切の衆生を病苦、災難から救済する仏として人々の変わらぬ尊崇を集めている。

同寺は三井寺境内の西南にある。西国三十三札所観音堂の参拝路登り口付近にも位置しており、山の頂上で景色も素晴らしい観音堂へ参拝に向かう人、また済ませた人たちが道路沿いにある水観寺の前で「お参りしなきゃ」「病苦にご利益があるお薬師さんだって」「友達もよく来てるって」などと話しながら寺に入り、真剣に手を合わせていく。

境内はさして広くないが落ち着いた静寂な中に本堂が佇む。その前に石仏などが並び、地味だが、寺がお薬師さんと呼ばれて親しまれている様子が見て取れる。

本堂内にはご本尊の薬師

如来、脇侍に日光、月光菩薩さま、それに十二神将を配している。薬師霊場としての水観寺は、移設されて三井寺境内の一寺院として存在しているが、もちろん総本山園城寺と一体のものである。

総本山の園城寺は同寺のほかに、広大な境内に歴史的なさまざまな堂宇も多数あり、国宝、重文を数多く抱える。仁王門、釈迦堂、金堂、三重塔など全国に誇る諸堂宇や仏像の数々…。それらを時間をかけてゆっくり見て周るのも悪くない。

☎077-522-2238 滋賀県大津市園城寺町246
https://yakushi49.com/48suikanji/

● 基本情報

8:00〜17:00
¥ 大人600円、中高生300円、小学生200円
休 なし　P あり（有料）
WC あり（駐車場トイレのみ車いす可）
食 なし　宿 なし　WiFi あり

● 門前情報

食事、土産施設あり

● 主な行事

尊星王星祭	2月節分
三井寺千団子祭	5月中頃の土日
本山採灯大護摩供	5月1日

● アクセス

車 名神「大津IC」より湖岸道路経由約10分
他 JR「大津」駅または、JR「大津京」駅よりバス「三井寺」下車すぐ。京阪石山坂本線「三井寺」駅より徒歩10分

● 境内図

（■お薬師様　★納経所　トイレ　P駐車場）

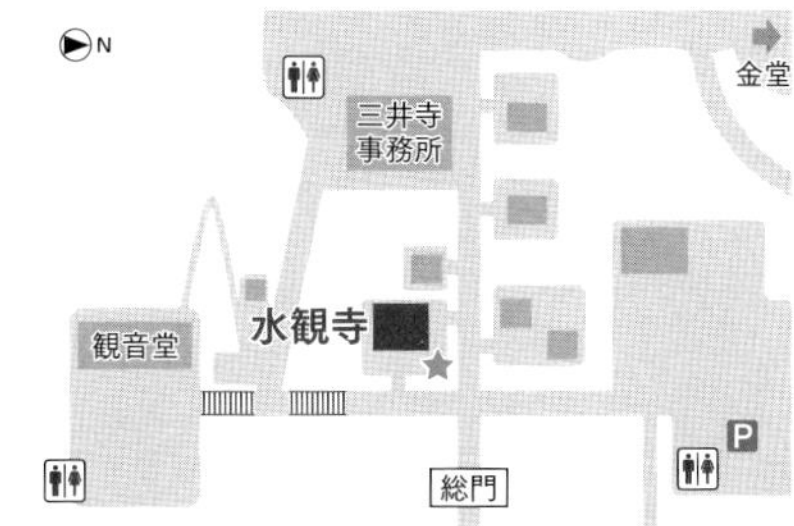

天台宗総本山

延暦寺

えんりゃくじ

時を超え世界に
輝く比叡の光

七府県にまたがる西国四十九薬師霊場も、ここ日本仏教の母山でもある比叡山延暦寺が巡礼四十九番目で結願の札所となる。一歩お山に足を踏み入れると、静寂、荘厳な大自然に抱かれ点在する大小の諸堂塔…。その圧倒的なお山（霊場）の雰囲気から比叡山千二百年の時空を超えた息づかいが感じられる。

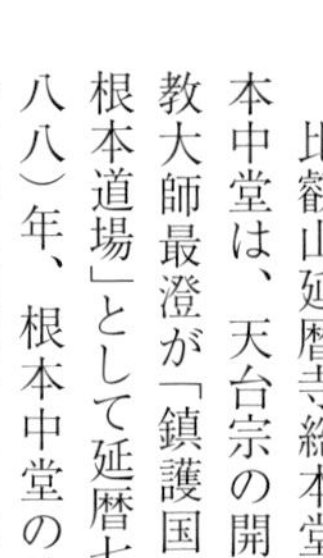

比叡山延暦寺総本堂の根本中堂は、天台宗の開祖伝教大師最澄が「鎮護国家の根本道場」として延暦七（七八八）年、根本中堂の前身「一乗止観院」を創建したのが始まりである。現在の根本中堂は、元亀二（一五七一）年の織田信長の焼き打ちのあと、徳川幕府三代将軍徳川家光公の命によって寛永十一（一六三四）年に再建された。昭和二十八（一九五三）年には国宝の指定を受けている。

堂内は外陣、中陣、内陣に分かれている。大師ご自身が刻んだといわれる本尊薬師如来像（秘仏）は内陣の厨子に安置される。この内陣は参詣者が手を合わせる中陣と同じ目線、高さにあり、天台造りとも呼ばれ天台教義の象徴にもなる。堂内又は本尊の前には開創以来の「不滅の法灯」が千二百年間、絶えることなく輝き続けている。

法灯は伝教大師最澄の「あきらけく　のちの仏のみ世までも　光り伝えよ法のともしび」と詠われ、そのともしびは、今もお山に脈々と引き継がれているのである。

第49番

存在するものにはすべて、草木一本に至るまで仏性があるという仏教の教え。このお山の大自然、諸堂は修行する人、お参りに訪れる人たちすべてを包み込み、結願札所にふさわしい存在感を漂わせる。

比叡山開創千二百（昭和六十二）年には、天台の精神のもとに現在も続く初の世界宗教サミットが開催され、また一九九四（平成六）年十二月には、ユネスコの世界遺産条約により世界文化遺産として登録された。

伝教大師最澄による霊峰比叡の光は、人類が生み出した偉大な文化として世界に向けて新たに光り輝き始めている。

☎077-578-0001　滋賀県大津市坂本本町4220
https://yakushi49.com/49enryakuji/

●基本情報

🕓8:30～16:30（12月は9:00～16:00、1～2月は9:00～16:30）

¥大人700円（600円）、中高生500円（400円）、小学生300円 ※令和2年3月1日より大人1,000円（800円）、中高生600円（500円）、小学生300円（300円） ※（ ）内は団体20名以上 ※根本中堂は2026（令和8）年まで大改修中。参拝は可能。

休 重要法要時一時拝観を中止する場合あり

P あり（無料）　WC あり（車いす可）

🍴 あり（不定休）　宿 あり　WiFi あり

●おすすめ撮影スポット

阿弥陀堂、西塔地域のさくらと青もみじ
横川のもみじ

●主な行事

比叡の大護摩　3月13日
御修法（みしほ）　4月4日～11日

●アクセス

🚗 名神高速道路「京都東IC」より30分

他 京阪石山坂本線「坂本比叡山口」駅より徒歩10分・JR湖西線「比叡山坂本」駅より徒歩15分、坂本ケーブルに乗車「延暦寺」駅より徒歩8分

●境内図

（■お薬師様 ★納経所 🚻トイレ Ｐ駐車場）

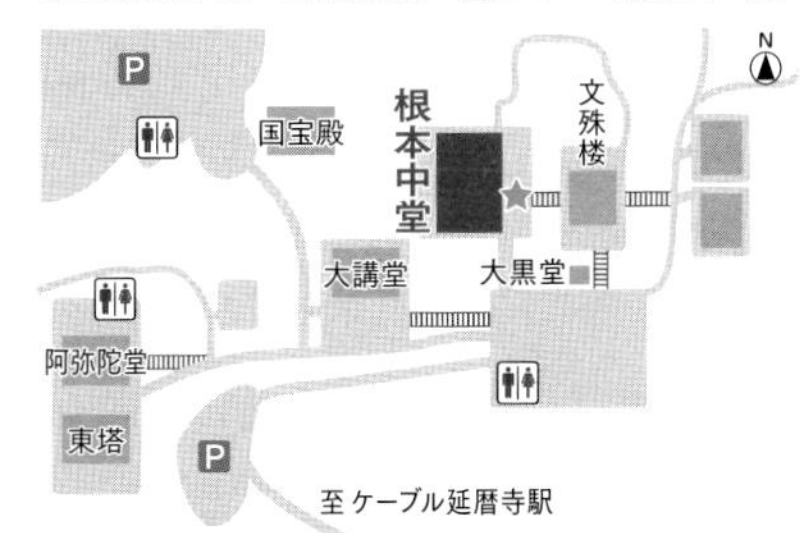

※鉄道・道路など一部省略している部分がございます

西国四十九薬師霊場マップ

- 奈良
  - 1 薬師寺
  - 2 霊山寺
  - 3 般若寺
  - 4 興福寺
  - 5 元興寺
  - 6 新薬師寺
  - 7 久米寺
  - 8 室生寺
  - 9 金剛寺
- 和歌山
  - 10 龍泉院
  - 11 高室院
  - 12 禅林寺
- 大阪
  - 13 弘川寺
  - 14 野中寺
  - 15 家原寺
  - 16 四天王寺
  - 17 摂津国国分寺
  - 18 久安寺
- 兵庫
  - 19 昆陽寺
  - 20 東光寺
  - 21 花山院菩提寺
  - 22 鶴林寺
  - 23 斑鳩寺
  - 24 神積寺
  - 25 達身寺
- 京都
  - 26 長安寺
  - 27 天寧寺
- 兵庫
  - 28 大乗寺
  - 29 温泉寺
- 京都
  - 30 多禰寺
- 滋賀
  - 31 総持寺
  - 32 西明寺
- 三重
  - 33 石薬師寺
  - 34 四天王寺
  - 35 神宮寺
  - 36 弥勒寺
- 京都
  - 37 浄瑠璃寺
  - 38 法界寺
  - 39 醍醐寺
  - 40 雲龍院
  - 41 正法寺
  - 42 勝持寺
  - 43 神蔵寺
  - 44 神護寺
  - 45 三千院門跡
- 滋賀
  - 46 桑實寺
  - 47 善水寺
  - 48 水観寺
  - 49 延暦寺

若狭湾
城崎温泉
京都丹後鉄道宮豊線
京都丹後鉄道宮舞線
京都丹後鉄道宮福線
小浜線
小浜
舞鶴若狭自動車道
舞鶴東IC
舞鶴線
日高神鍋高原IC
舞鶴大江IC
山陰本線
福知山
福知山IC
北近畿豊岡自動車道
兵庫
京都
湖西線
琵琶湖
湖西道路
京都縦貫自動車道
氷上IC
播但線
播但連絡道路
福知山線
加古川線
舞鶴若狭自動車道
真野IC
近江八幡
比叡山ドライブウェイ
亀岡
草津
亀岡IC
沓掛IC
京都
大津IC
栗東湖南IC
福崎北ランプ
福崎IC
宝塚線
箕面とどろみIC
大原野IC
鴨川西IC
京都東IC
中国自動車道
宇治東IC
京都南IC
京滋バイパス
三田
大阪
新名神高速道路
宇治西IC
龍野IC
山陽自動車道
神戸三田IC
名神高速道路
第二京阪道路
奈良線
池田木部IC
三木小野IC
姫路
山陽本線
加古川バイパス
宝塚IC
山陽自動車道
阪神高速道路
京奈和自動車道
伊賀上野
加古川IC
豊中IC
第二神明道路
山陽新幹線
西宮
大阪
長柄
木津IC
上野IC
宝来IC
中町
近畿自動車道
武庫川IC
神戸
夕陽丘
天王寺
第二阪奈道路
奈良
針IC
名阪国道
神戸線
文の里
郡山IC
天理IC
藤井寺IC
堺市
阪神高速道路
西名阪自動車道
高田
大阪湾
南阪奈道路
堺IC
葛城IC
阪和線
神戸淡路鳴門自動車道
五條IC
阪和自動車道
京奈和自動車道
紀北かつらぎIC
高野口
奈良
淡路島
和歌山線
和歌山
海南東IC
和歌山

癒やしの道
薬師瑠璃光遍照の世界
七仏七界巡り

「薬師如来本願功徳経」に七仏薬師の事が説かれています。西国四十九薬師霊場は各七ヶ寺のお薬師様がそれぞれ一つの浄瑠璃光世界を形成し、その世界が七つ集まって大浄瑠璃光世界を形作っています。当霊場会ではこの七つの世界を巡って頂く事で多くの人達が遍く慈悲の瑠璃光に浴されて心と身体が癒される事を願っています。どうか皆様にはまず七つのお薬師様からお参りを成就していきましょう。

西国薬師霊場会

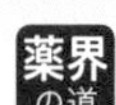

薬界の道	第１番 薬師寺	第２番 霊山寺	第３番 般若寺	第４番 興福寺
	第５番 元興寺	第６番 新薬師寺	第37番 浄瑠璃寺	
師界の道	第７番 久米寺	第８番 室生寺	第16番 四天王寺	第17番 摂津国国分寺
	第36番 弥勒寺	第38番 法界寺	第39番 醍醐寺	
瑠界の道	第31番 総持寺	第32番 西明寺	第33番 石薬師寺	第34番 四天王寺
	第35番 神宮寺	第46番 桑實寺	第47番 善水寺	
璃界の道	第９番 金剛寺	第10番 龍泉院	第11番 高室院	第12番 禅林寺
	第13番 弘川寺	第14番 野中寺	第15番 家原寺	
光界の道	第18番 久安寺	第19番 昆陽寺	第20番 東光寺	第21番 花山院菩提寺
	第22番 鶴林寺	第23番 斑鳩寺	第24番 神積寺	
遍界の道	第25番 達身寺	第26番 長安寺	第27番 天寧寺	第28番 大乗寺
	第29番 温泉寺	第30番 多禰寺	第44番 神護寺	
照界の道	第40番 雲龍院	第41番 正法寺	第42番 勝持寺	第43番 神蔵寺
	第45番 三千院門跡	第48番 水観寺	第49番 延暦寺	

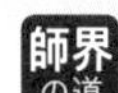

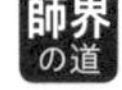

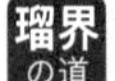

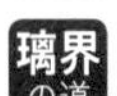

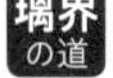

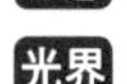

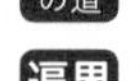

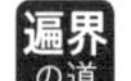

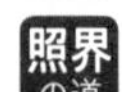

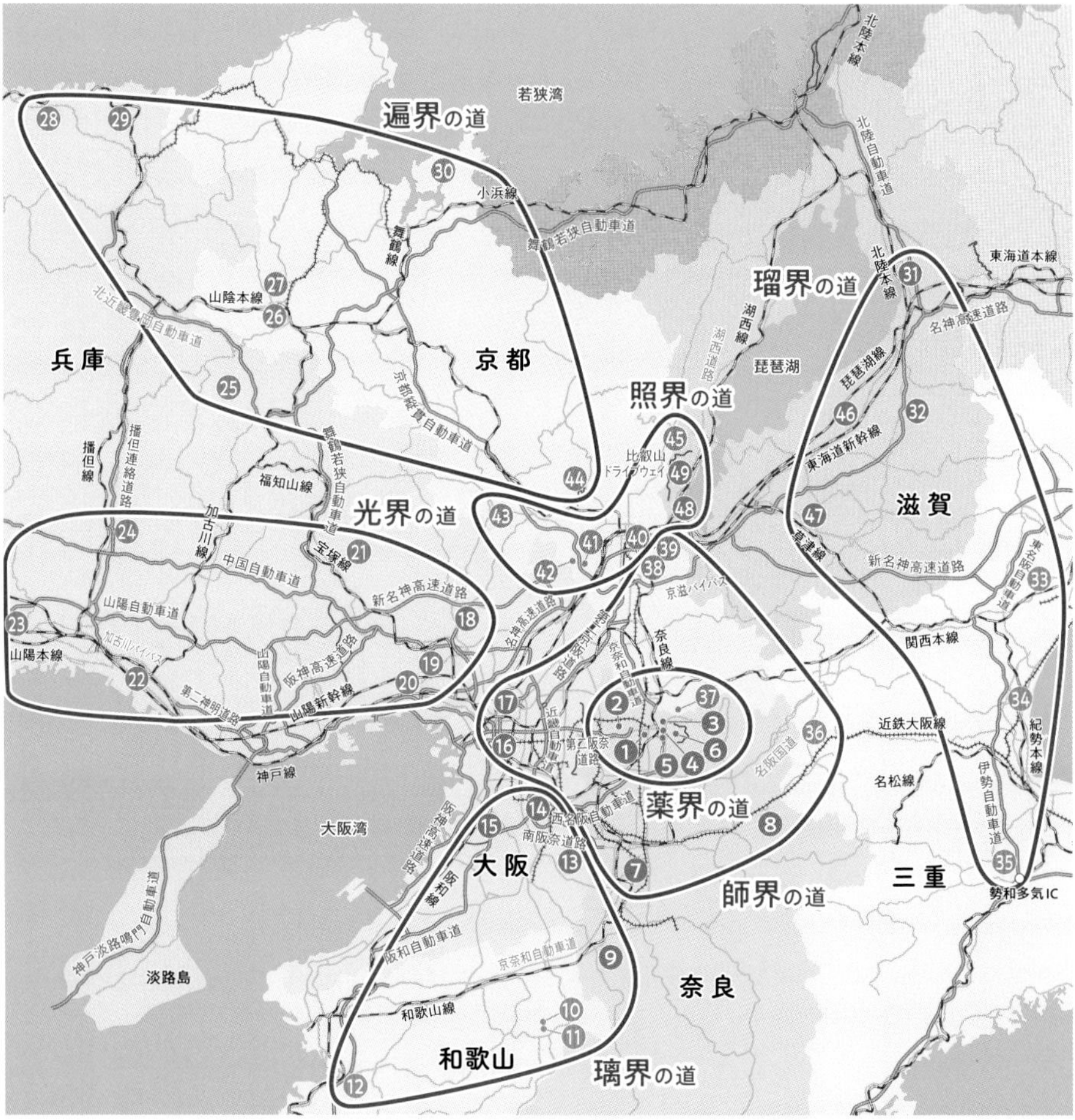

ちょっぴり寄りみち!!

道の駅

二上山の裾野に広がる体験型施設

A 奈良 道の駅ふたかみパーク當麻（たいま）「當麻の家」 http://www.futakami-park.jp/index.html

大自然の中で、地元の素材を使ったうどんやパン、味噌などの手作り体験や、芋ほりなどの農業体験ができる。地野菜はもちろん、えんどう味噌、玄米パンなどの加工品も販売する。

奈良県葛城市新在家402-1 ☎0745-48-7000
9:00〜17:00 休 火・水曜（水曜が祝日は翌日、休館日12/31〜1/3）
西名阪自動車道「柏原IC」南阪奈道路「葛城IC」から10分

芸術作品と地元食材が楽しめる

B 奈良 道の駅 宇陀路室生 https://www.michi-no-eki-udajimurou.jp/

伊勢街道の旧宿場町・室生の、現代における人とモノの交流拠点。レストランでは、地元産の旬の食材を使ったヘルシーな精進料理や、大和名物の茶粥が大人気。室生出身の彫刻家・井上武吉氏によるモニュメントも必見だ。

奈良県宇陀市室生三本松3176-1 ☎0745-97-2200
9:00〜18:00（レストランは10:00〜、農作物直売所は8:00〜17:00〈10月〜4月19日は8:00〜16:00〉） 休 水曜 名阪国道「小倉IC」から25分

平群（へぐり）の大自然の恵みを堪能

C 奈良 道の駅 大和路へぐり くまがしステーション http://www.heguri-apc.jp/station/

平群の大地にたわわに実る苺やぶどう、トマトなど四季折々の農作物を始め、小菊やバラなどが生産者より毎朝届く。新鮮で低農薬の安心食材は、カフェ「hanana」でも楽しめ、売店では手作り味噌やジャムなどの特産品が揃う。

奈良県生駒郡平群町平等寺75-1 ☎0745-45-8511
9:00〜18:00（とれたて市毎日開催 9:00〜） 休 無休、年末年始（12月31日〜1月3日）のみ休館、その他臨時休館日有 第二阪奈道路「壱分ランプ」から約15分

新鮮な刺身などご当地グルメ満載

D 三重 道の駅 津かわげ http://www.tsukawage.com/

海のもの、山のもの、津のものが揃う、津の北の玄関口。直売所には地元農家のこだわり野菜に加え、漁港から毎日届く鮮魚の刺身がずらり。ご当地グルメの津ぎょうざを丸ごと挟んだ「津ぎょうざドッグ」も要チェック。

三重県津市河芸町三行255-4 ☎059-244-2755
7:00〜19:00（レストランは〜18:00） 休 無休（臨時休業あり）
東名阪自動車道「亀山IC」から20分

地元でも愛される名物B級グルメ

E 三重 道の駅 関宿

関宿は東海道五十三次の47番目の宿場町とあって、外観は歴史的な町並みに馴染む町家風。甘辛い味付けにご飯が進む地元のB級グルメ「みそ焼きうどん」や、ご当地ラーメングランプリ優勝の「亀山ラーメン」をぜひ。

三重県亀山市関町新所674-8 ☎0595-97-8200
9:00〜18:00（レストラン〜 LO17:30） 休 無休
名阪国道「関IC」から１分

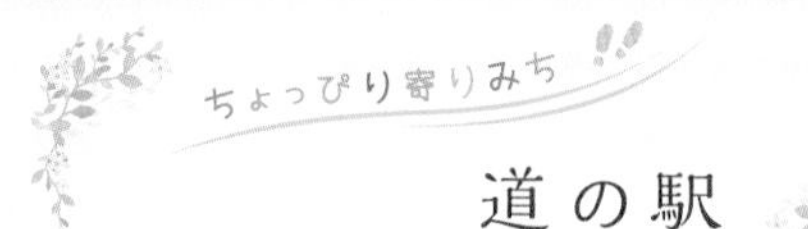

道の駅

ヤマトタケル伝説で賑わう道の駅

F 大阪 道の駅 しらとりの郷・羽曳野（はびきの） https://www.city.habikino.lg.jp/kanko/meisho/6226.html

子供の遊具やバーベキューができる施設を整えたここは、朝から1300組の生産者の地元農作物が集まる「あすかてくるで」とハムやワインの特産品が揃う「タケル館」からなる。出汁にコクのあるかすうどんも人気。

大阪府羽曳野市埴生野975-3
タケル館☎072-957-8180　あすかてくるで☎072-957-8318
🕔9:30～18:00　休 木曜・年末年始　🚗南阪奈道路「美原東IC」から１分

自然豊かな河南町で日々採れたての旬の野菜を提供！

G 大阪 道の駅かなん http://www.osaka-michinoeki-kanan.jp/

南大阪から奈良に向かう国道309号線沿いにある道の駅。肥沃な大地ときれいな水に恵まれた古くから農業が盛んな町、その地場の農作物をはじめエコ栽培の水越米やなにわの伝統野菜、手作り加工品などを販売する。

大阪府南河内郡河南町神山523-1　☎0721-90-3911
🕔9:00～17:00（土・日・祝 8:30～17:00）　休 年末年始（12/31～1/4の5日間 ※12/30の営業は14:00まで）　🚗阪神高速道路「三宅IC」から約30分

根来寺の案内役に新たな施設誕生！

H 和歌山 道の駅 ねごろ歴史の丘 https://www.negoro-rekishinooka.com/

史跡根来寺の案内施設「ねごろ歴史資料館」敷地内に平成29年に開業道の駅。「よし家」では紀州の地酒、梅干し、黒あわび茸、金山寺味噌、紀州備長炭を使用したスイーツが、「花笑み館」では根来塗りが販売。お食事処も完備。

和歌山県岩出市根来2020番地-1　☎0736-61-1170
🕔10:00～18:00（施設により異なる）　休 火曜
🚗京奈和自動車道「岩出根来IC」から３分

夏は鮎釣り、秋はつるし柿を楽んで

I 和歌山 道の駅 紀の川万葉の里 http://www.town.katsuragi.wakayama.jp/070/080/20180719170833.html

万葉集にも詠われた紀の川ほとりに立つ施設。夏には鮎釣りやキャンプ、秋にはつるし柿つくり体験楽しめる。名産人気NO.１の「柿の葉寿司」や農家のお母さんが作った地野菜、漬物や味噌などの加工品も嬉しい。

和歌山県伊都郡かつらぎ町窪487-2　☎0736-22-0055
🕔8:30～18:00（3月～10月は8:30～17:00）　休 12/31～1/3
🚗京奈和自動車道「かつらぎ西IC」から７分

淡河産十割そば、花卉園芸の新名所

J 兵庫 淡河（おうご）道の駅 http://www.city.kobe.lg.jp/information/project/industry/michinoeki.ogo.html

全国でも名高い淡河産の新鉄砲ユリやチューリップをはじめ、新鮮な野菜や筍など名産を直売する。地のそば粉を使った十割そばを提供するレストランもコスパ高と人気を呼ぶ。

兵庫県神戸市北区淡河町淡河字弘法垣643-1　☎078-959-1665
🕔10:00～17:00　休 直売所は12/31～1/5、レストランのみ水曜
🚗山陽自動車道「三木IC」から10分

名産は生しいたけに挽きたてそば

K 兵庫 道の駅 いながわ https://www.eonet.ne.jp/~eki-inagawa/

直売所は毎日季節の新鮮野菜や原木しいたけの販売で賑わい「そばの館」では挽きたて打ち立てを体験できる十割そばも味わえる。土日・祝日では、観光ボランティアによる観光案内も人気を呼ぶ。

兵庫県川辺郡猪名川町万善字竹添70番地１　☎072-767-8600
9:00～17:00　休 水曜（12/31～1/6休館）
新名神高速道路「川西IC」から13分

三木金物産業振興と道の駅を融合

L 兵庫 道の駅 みき http://mikiyama.co.jp/

地野菜や特産品はもちろん、三木金物の振興拠点として金物展示即売館を併設。大工道具や家庭用刃物など三木金物が勢ぞろい、プロアマ問わず自由に見学・購入可能。蛸と茄子が入る郷土料理「鍛冶屋鍋」も人気。

兵庫県三木市福井2426番地　☎0794-86-9500
9:00～18:00　休 無休（年末年始休館有）
山陽自動車道「三木小野IC」から５分

買う、食べる、癒されるを網羅

M 兵庫 道の駅 とうじょう http://www.tojo21.co.jp/

旬の農作物販売をはじめ、加東市唯一の酒蔵「神結酒造」の山田錦を使った希少なオリジナル地酒に、地元で改良された「東条めだか」まで購入できる。アロマママッサージからとんかつ、ラーメン専門店まで備えた施設。

兵庫県加東市南山1丁目5番地3　☎0795-47-2400
9:00～18:00（1・2月～17:00　レストラン部門はHP参照）　休 不定休
中国自動車道「ひょうご東条IC」から１分

遺跡を備えた温もり溢れる道の駅

N 兵庫 道の駅 丹波おばあちゃんの里 http://www.michi-kasuga.jp/

丹波市の玄関口にある、癒し・健康・環境がテーマの道の駅。敷地内には西日本最大規模の遺跡公園を併設。丹波産木材に囲まれた「木の香るフードコート」では、栄養士や野菜ソムリエらによる丹波の名物料理が楽しめる。

兵庫県丹波市春日町七日市710　☎0795-70-3001
9:30～16:30　休 無休
舞鶴若狭自動車道「春日IC」から１分

種類豊富な但馬牛グルメが魅力

O 兵庫 道の駅 村岡ファームガーデン http://www.farm-garden.jp/

日本が世界に誇る但馬牛の情報発信拠点。農産物販売所に加え、但馬牛がリーズナブルに味わえるレストランや、但馬牛の精肉コーナーも併設。料理長渾身の但馬牛グルメは、ステーキから軽食まで、その種類なんと50以上！

兵庫県美方郡香美町村岡区大糠32-1　☎0796-98-1129
9:00～19:00（レストランは10:00～17:00）　休 無休
北近畿豊岡自動車道「八鹿氷ノ山IC」から25分

ちょっぴり寄りみち

道の駅

余部鉄橋展望施設「空の駅」と地元産食材の旬を楽しむ！

P 兵庫 道の駅 あまるべ http://michinoeki-amarube.com/

旧余部鉄橋の歴史が映像や模型で鑑賞できたり、鉄橋上の展望施設「空の駅」が楽しめたりする道の駅。地元農家が丹精込めて作った旬の農産物を販売、お食事コーナーでは魚カツバーガーやカニちらし御膳も頂ける。

兵庫県美方郡香美町香住区余部1723-4 ☎0796-20-3617
🕘9:00～18:00（7.8月は19:00）（食事コーナーは11:00～15:00まで、飲み物は～閉店1時間前） 休無休 🚗北近畿豊岡自動車道「八鹿氷ノ山IC」から約1時間

清流矢田川を眺めながら鮎料理を満喫！

Q 兵庫 道の駅 あゆの里矢田川 http://www.ayunosato.kamicho.jp/

矢田川の清流の恵み、鮎の塩焼きや川ガニの釜飯（秋限定）などの料理が楽しめる道の駅。ご近所の畑で採れた農作物や「矢田川みそ」に「べんりで酢」、鮎の甘露煮などの名産も販売。夏の川釣りやキャンプも大人気。

兵庫県美方郡香美町村岡区長瀬933-1 ☎0796-95-1369
🕘9:00～18:00 休火曜・年末年始休
🚗北近畿豊岡自動車道「八鹿氷ノ山IC」から約1時間

京都府随一の水揚げを誇る、日本海側最大級の海鮮市場

R 京都 道の駅 舞鶴港とれとれセンター https://toretore.org/

日本海側最大級の海鮮市場を持つ道の駅。漁協舞鶴魚市場の鮮魚仲買人も出店するほど、新鮮さ、安さ、酒類の豊富さは保証付き。店で購入した鮮魚はすぐに刺身や海鮮焼きにして頂ける。海産物やレストランも充実。

京都府舞鶴市字下福井905番地 ☎0773-75-6125
🕘9:00～18:00 休水曜（1/1、他特別休業日あり、祝日の場合は営業、12月無休） 🚗舞鶴若狭自動車道経由「舞鶴西IC」から約15分

南山城村の暮らし方や生活の知恵、恵みを五感で体験

S 京都 道の駅 お茶の京都 みなみやましろ村 https://michinoeki.kyoto.jp/

「のもん市場」を中心に特産品のお茶や新鮮な野菜などを販売。村の暮らしにふれるような、お茶を楽しむための食事やスイーツ、お弁当が充実。一番茶だけを使用した村抹茶ソフトクリームも濃厚で後味すっきり！

京都府相楽郡南山城村北大河原殿田102 ☎0743-93-1392
🕘9:00～18:00（食堂つちのうぶ11:00～16:00ファストフード村茶屋9:30～17:00） 休不定休 🚗京奈和自動車道「精華下狛IC」から約40分

関ケ原～賤ケ岳間の街道沿いにほっこり道の駅

T 滋賀 道の駅 浅井三姉妹（あざいさんしまい）の郷 http://azai3-st.jp/

浅井家の三姉妹に纏わる戦国街道沿いに佇む道の駅。湖北米やキノコ類はもちろん、季節の新鮮な地野菜を販売する他、手作りの田舎味噌を販売。レストラン「浅井家」では自然薯料理が堪能できる。

滋賀県長浜市内保町2843 ☎0749-74-1261
🕘9:00～18:00 レストラン11:00～14:00（L.O）土・日・祝11:00～17:00（L.O） 休無休（年末年始休） 🚗北陸自動車道「長浜IC」から約10分

美しい野鳥と自然に出会える水鳥公園内の道の駅

U 滋賀 道の駅 湖北みずどりステーション http://www.mizudori-st.co.jp/

琵琶湖東北部さざなみ街道沿いで、四季折々の野鳥が訪れる水鳥公園内の道の駅。長浜市で採れる地野菜や果実に加え、近郊の尾上漁港から揚がる、湖魚やシジミの販売、魚の天ぷらや鰻のすき焼き風じゅんじゅんも人気。

滋賀県長浜市湖北町今西1731番地1 ☎0749-79-8060
🕘9:00～18:00（レストラン9:00～17:00） 休 毎月第二火曜休（4、8月は除く） 🚗北陸自動車道「長浜IC」から約20分

新鮮な野菜と果物そして焼きたての本格石窯ピザ

V 滋賀 道の駅 せせらぎの里 こうら http://m-koura.jp/

一押しは直売所の新鮮な野菜や果物。その美味しさの秘訣は、生産者の愛情と、鈴鹿山系から流れる綺麗な伏流水のおかげ。また、地元野菜などを活かした「UNO」の焼きたて石窯ピザは申し分なし！手作りクレープ店も好評。

滋賀県犬上郡甲良町金屋1549-4 ☎0749-38-2744
🕘9:00～18:00（1月は9:00～17:00 PIZZERIA UNO 11:00～18:00 ※他の飲食店は施設により異なる） 休 無休 🚗名神高速道路「湖東三山スマートインター」から約8分

自然の香りであふれるお花畑と田園の街

W 滋賀 道の駅 あいとうマーガレットステーション http://www.aito-ms.or.jp/

体験教室やお土産もの、地元野菜が頂けるレストランを配す「田園生活館」、東近江産の新鮮野菜と果物を販売する「あいとう直売館」、ジェラートや焼き菓子を扱う「Rapty」、加工品販売の「まるごと食館」がある。催事やお花畑も楽しい。

滋賀県東近江市妹町184-1 ☎0749-46-1110
🕘9:00～17:30（12月～4月）9:00～18:00（5月～11月） 休 火曜・年末年始（祝日の場合は営業、夏休み期間と11月は無休。Rapty、直売館、リンデンなど他施設は異なる）
🚗名神高速道路「湖東三山スマートインター」から約10分・同「八日市インター」から約7分

監修
西国四十九薬師霊場会

企画・編集制作
京都新聞出版センター

文・執筆
今西賢治
小栗茂樹
清原邦雄
田中敏夫
丸毛静雄
萬谷彰三

写真
今村裕司
小笠原敏浩

写真協力
西国四十九薬師霊場会各寺院

西国四十九薬師霊場　ご朱印・巡礼ガイドブック

発行日　2020年３月20日　初版発行
編　者　京都新聞出版センター
発行者　前畑　知之
発行所　京都新聞出版センター
〒604-8578　京都市中京区烏丸通夷川上ル
Tel. 075-241-6192　Fax. 075-222-1956
http://www.kyoto-pd.co.jp/book/

印刷・製本　株式会社スイッチ.ティフ
ISBN978-4-7638-0721-2　C0026